200
recetas para wok

200
recetas para wok

BLUME

Marina Filippelli

BLUME

Título original:
200 Wok recipes

Traducción:
Cristóbal Barber Casasnovas

Revisión técnica de la edición en lengua española:
Eneida García Odriozola
Cocinera profesional
(Centro de formación de cocineros y pasteleros de Barcelona Bell Art).
Especialista en temas culinarios

Coordinación de la edición en lengua española:
Cristina Rodríguez Fischer

Primera edición en lengua española 2010
Reimpresión 2011, 2012

© 2010 Naturart, S.A. Editado por BLUME
Av. Mare de Déu de Lorda, 20
08034 Barcelona
Tel. 93 205 40 00 Fax 93 205 14 41
e-mail: info@blume.net
© 2009 Octopus Publishing Group, Londres

I.S.B.N.: 978-84-8076-908-2
Depósito legal: B. 12.570-2012
Impreso en Tallers Gràfics Soler, S.A.,
Esplugues de Llobregat (Barcelona)

WWW.BLUME.NET

En las recetas que se presentan en este libro se utilizan medidas
de cuchara estándar. Una cucharada sopera equivale a 15 ml;
una cucharada de café equivale a 5 ml.

El horno debería precalentarse a la temperatura requerida;
siga siempre las instrucciones que marca su horno.

Deben utilizarse hierbas frescas, a menos de que se indique
lo contrario; deben utilizarse huevos de tamaño mediano,
salvo que se indique lo contrario.

Las autoridades sanitarias aconsejan no consumir huevos crudos. Este libro
incluye algunas recetas en las que se utilizan huevos crudos o poco cocinados.
Resulta recomendable y prudente que las personas vulnerables, tales como
mujeres embarazadas, madres en periodo de lactancia, minusválidos, ancianos,
bebés y niños en edad preescolar eviten el consumo de los platos preparados
con huevos crudos o poco cocinados. Una vez preparados, estos platos
deben mantenerse refrigerados y consumirse rápidamente.

Este libro incluye recetas preparadas con frutos secos y derivados de los
mismos. Es aconsejable que las personas que son propensas a sufrir
reacciones alérgicas por el consumo de las nueces y sus derivados,
o bien las personas más vulnerables (como las que se indican en el párrafo
anterior), eviten los platos preparados con estos productos. Compruebe
también las etiquetas de los productos que adquiera para preparar los alimentos.

Este libro se ha impreso sobre papel manufacturado con materia prima procedente
de bosques sostenibles. En la producción de nuestros libros procuramos, con
el máximo empeño, cumplir con los requisitos medioambientales que promueven
la conservación y el uso sostenible de los bosques, y en especial de los bosques
primarios. Asimismo, en nuestra preocupación por el planeta, intentamos emplear
al máximo materiales reciclados, y solicitamos a nuestros proveedores que usen
materiales de manufactura cuya fabricación esté libre de cloro elemental (ECF)
o de metales pesados, entre otros.

contenido

introducción

introducción

El wok es un utensilio versátil y muy útil inventado por los chinos, pero que pronto fue adoptado por cocineros de toda Asia y el sureste asiático. Dado que permite cocinar rápidamente los ingredientes, el wok es la sartén perfecta para preparar salteados. Su profundidad y su superficie cóncava proporcionan el espacio suficiente para remover enérgica y constantemente los ingredientes y que así se cuezan de forma rápida y homogénea.

A primera vista, la técnica puede parecer simple, aunque cualquiera que haya intentado cocinar con un wok sabe que es muy fácil que el proceso salga mal. No obstante, si domina las reglas básicas del salteado descritas más abajo, su wok se convertirá en su mejor aliado en la cocina, ya sea para preparar platos rápidos como para hacer recetas más elaboradas. En cualquier caso, un wok es mucho más que una sartén para saltear, pues los más expertos lo usan para cocinar al vapor, para estofar, para freír y para ahumar.

técnicas de cocina

Cocinar con un wok es fácil si se sabe cómo hacerlo. Los siguientes consejos le ayudarán a sacar el máximo provecho de su wok.

saltear

La parte esencial del proceso es la velocidad. Corte todos los ingredientes en pequeños trozos para que se cuezan rápidamente. La carne o el pescado deberían cocinarse en, como máximo, 4 o 5 minutos;

las verduras, en cambio, deben cortarse de forma que se garantice su cocción uniforme: no se han de cocinar a la vez cogollos grandes de brécol y finas láminas de zanahoria. Añada las verduras más tiernas, tales como brotes germinados, al final del proceso de cocción para que se mantengan crujientes.

Pese, lamine o corte los ingredientes antes de empezar a cocinar. Recuerde que está cocinando con un fuego muy intenso, por lo que si empieza a preparar las verduras una vez que el ajo y el jengibre ya están en la sartén, éstos se van a quemar y echarán a perder la receta. Mantenga todos los ingredientes preparados a mano en cuencos separados, a punto para introducirlos en el wok en el momento indicado.

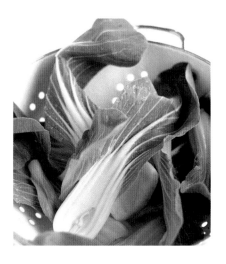

Elija bien los cortes. Como el salteado es un método de cocción rápido, sólo es apto para trozos de carne que no necesitan largos tiempos de cocción. El filete o el solomillo, con o sin grasa, son los cortes de ternera más indicados. Use filetes o solomillos cuando prepare recetas de cerdo o cordero y pechuga para las recetas con pollo o pato. Las gambas, las vieiras o el calamar son fantásticos para la preparación de salteados: se cocinan en pocos minutos y no se rompen al remover constantemente los ingredientes. Deben evitarse los pescados más delicados, es decir, los que se descaman con facilidad una vez cocinados. Es preferible usar pescados como el rape.

Antes de empezar, caliente el wok hasta que salga humo. A continuación colóquelo sobre un fuego grande, añada la cantidad sugerida de aceite y déjelo calentar. Este proceso durará unos instantes, ya que el calor tiene que extenderse desde la base (muy estrecha) hasta los bordes (muy anchos). Mueva el wok para que el aceite impregne toda su superficie. Es recomendable que el aceite esté realmente caliente antes de añadir cualquier ingrediente; de esta forma se cocerán y se dorarán rápidamente a medida que los vaya removiendo.

Saltee los ingredientes por fases. Cuando éstos se introducen en el wok, la temperatura desciende considerablemente. Dado que el objetivo es cocer la carne o el pescado a temperaturas muy altas, procure no llenar demasiado el wok. Dore primero la carne o el pescado y después retírelo de la sartén. A continuación saltee las verduras e incorpore la carne o el pescado al final. Si lo cuece todo a la vez, la carne o el pescado se hervirán con el jugo de las verduras en lugar de dorarse.

Remueva constantemente; así garantizará una cocción uniforme e impedirá que los ingredientes se quemen.

Una vez que los ingredientes están cocidos y dorados, actúe rápidamente para evitar que se chamusquen. Éste es un buen momento para añadir algo de líquido en la sartén para crear un poco de vapor para finalizar la cocción. Basta con un chorro de agua o de caldo, pero también sirve una dosis extra de sabor con ingredientes como el vino de arroz, la salsa de soja o la salsa de ostras.

ahumar y cocer al vapor

Un wok grande con una tapa semiesférica es el utensilio perfecto para cocer los ingredientes al vapor o ahumarlos. Para cocerlos al vapor, colóquelos directamente sobre una plataforma perforada dentro de un wok medio lleno de agua caliente. Cúbralo con la tapa y deje que los ingredientes se cuezan con el vapor que se queda en el interior. Para ahumar los ingredientes se deben seguir las mismas pautas, pero en lugar de usar agua para formar vapor, en las recetas ahumadas de este libro verá que se incluyen hojas de té que se queman en la base del wok.

Para cocinar al vapor o ahumar se recomienda un wok algo mayor de lo normal, pues así proporciona más espacio para que circulen el vapor y el humo y se cuezan los ingredientes de forma más homogénea. Un wok más grande facilita la tarea de introducir y retirar los ingredientes sin quemarse.

Muchos woks se venden con rejillas metálicas para colocar los ingredientes, pero también hay otros complementos que pueden cumplir esa misma función, como, por ejemplo, las vaporeras de bambú, las rejillas plegables, un salvamanteles metálico o simplemente un plato colocado sobre una serie de moldes boca abajo.

freír

El wok de gran diámetro también es especialmente indicado para freír. Los ingredientes tienen mucho espacio dentro del aceite y pueden adquirir así una textura crujiente uniforme. Además, introducir y retirar los ingredientes resulta más fácil que en una sartén de poco diámetro.

estofar y guisar

Igual que cualquier sartén grande con tapa, el wok también puede usarse para estofar y guisar. No es que el wok presente una ventaja especial frente a una cacerola a la hora de estofar o guisar; no obstante, el hecho de que se pueda usar para tal efecto hace que sea un utensilio más versátil y más útil en su cocina.

cocina sana

Que todos los salteados son sanos es un mito. Si los ingredientes se cocinan demasiado con salsas o si se saltean mal, el salteado puede perder todas sus propiedades beneficiosas para la salud. Si se hace de modo adecuado, el salteado requiere muy poco aceite, y dado que los ingredientes se cuecen en muy poco tiempo, la pérdida de nutrientes es mínima. Además, se trata de un método de cocción adecuado para carnes magras y, en especial, para que una familia ingiera la dosis diaria recomendada de verduras.

Si usa el wok para cocinar al vapor, estará eligiendo la que probablemente es la técnica de cocción más sana de todas. Una de las grandes ventajas de cocinar al vapor es que se conservan el sabor y el valor nutritivo de los alimentos.

Los alimentos se cuecen con el vapor creado
por el líquido hirviendo en lugar de cocerse en
el propio líquido, por lo que se produce una menor
pérdida de vitaminas solubles que al hervirlos
o pocharlos. También presenta la ventaja añadida
de que no necesita usar ni aceite ni grasa alguna
para cocinar al vapor.

elegir el wok

Los woks de base semiesférica tradicionales son
perfectos en las cocinas de gas. Los de base plana
se han desarrollado específicamente para ser usados
en cocinas eléctricas. Existen woks con dos asas
laterales o con un único mango alargado. Estos
últimos son en especial indicados para saltear, ya que
el wok se puede sujetar con firmeza con una mano
y usar la otra para remover los ingredientes. El mango
alargado también permite sujetar el wok y a su vez
mantenerse a cierta distancia para evitar salpicaduras
de aceite. Los woks de dos asas probablemente sean
los más adecuados para cocinar al vapor y para freír,
ya que es más fácil de controlar si se quiere desplazar
de un lado a otro con el aceite hirviendo dentro.

En la actualidad se pueden encontrar muchos
woks antiadherentes (algunos de ellos son realmente
bonitos), y sin duda constituyen la elección ideal
si quiere reducir la cantidad de aceite necesaria para
saltear. No obstante, es completamente innecesario
gastarse mucho dinero en un wok: los de acero
al carbono tradicionales que pueden encontrarse
en las tiendas chinas o asiáticas cuestan muy poco
y pueden durar toda la vida si se cuidan debidamente.

Sea cual sea el tipo de wok que compre,
asegúrese de que es grande. Un buen salteado

depende de dos cosas: del fuego abundante y del
espacio que tengan los alimentos al ser removidos.
Si mete muchos ingredientes en un wok pequeño,
lo único que conseguirá es que se pochen. Busque
un wok que tenga al menos 30 cm de diámetro.

cuidado del wok

A no ser que compre un wok antiadherente, tendrá
que prepararlo o «acondicionarlo» antes de usarlo.
Lávelo bien con agua y jabón para eliminar cualquier
capa protectora que pudiera haberle aplicado
el fabricante. Séquelo bien y colóquelo sobre
un fuego a baja potencia. Imprégnelo con aceite
vegetal usando un trozo de papel de cocina y déjelo
calentar durante 10 minutos. Limpie bien el aceite
con papel de cocina limpio y finalmente repita
el proceso hasta que el papel deje de ennegrecerse
al limpiar el aceite.

Después de cada uso, deberá lavar el wok con agua usando un cepillo de plástico (nunca con un estropajo de alambre). Finalmente deberá secarlo bien para evitar que se oxide. Es aconsejable ponerlo unos momentos sobre el fuego a poca intensidad para que se evapore la humedad. Si impregna la superficie con un trozo de papel de cocina empapado de aceite, será menos probable que se oxide. Si tiene previsto cocinar mucho al vapor, es recomendable que compre dos woks. Al hervir agua se deteriora la capa protectora que cubre la superficie del wok, por lo que el proceso de acondicionado descrito antes debe repetirse antes de volver a saltear. Tampoco es que sea un proceso muy engorroso, aunque puede resultar algo tedioso si tiene previsto saltear o cocinar al vapor con regularidad.

accesorios

Si es usted hábil a la hora de manejar los palillos, posiblemente le convenga comprar unos palillos de madera largos en una tienda china. Son especialmente indicados para remover los ingredientes del wok y para sacar con facilidad del aceite los trozos de comida.

Las espátulas o las cucharas de madera son igualmente adecuadas para preparar salteados.

Si no piensa usar su wok sólo para saltear, es esencial que adquiera un wok con tapa. Si el wok que ha comprado no viene con tapa, puede comprar una en cualquier tienda china o asiática.

Al cocer al vapor o ahumar en un wok, necesitará una vaporera sobre la que colocar los alimentos. Los kits de wok suelen incluir una; aun así, se puede usar cualquier rejilla o salvamanteles metálico que se ajuste bien a su wok.

Nada mejor que un colador de malla para sacar los alimentos del aceite. También son especialmente indicados para introducir los alimentos crudos poco a poco y sin riesgo de salpicarse.

ingredientes

A continuación encontrará una lista de los ingredientes más comunes en las recetas preparadas con wok. La mayoría de ellos se pueden adquirir en cualquier supermercado.

salsas y aceites

Vino de arroz chino Tiene un gusto similar al de un jerez seco. Se usa principalmente para marinar o para hacer salsas.

Salsa de pescado (nam pla) Extracto de pescado fermentado. Tiene un aroma poco agradable, aunque su ligero toque salado la convierte en un aliño indispensable en todo el sureste asiático.

Actualmente la salsa de pescado se puede encontrar en muchos supermercados.

Salsa *hoisin* Es una salsa densa, dulce y picante procedente de China. Está hecha a base de soja, vinagre, azúcar, ajo, chile y una gran cantidad de especias. Está especialmente indicada para salteados de carne o marisco o para usarse como mojo. Una vez abierta consérvela en el frigorífico.

Salsa de ostras La salsa de ostras es de origen chino. Se trata de una salsa marrón, densa y de sabor intenso hecha a partir de un extracto de ostras. Es un buen condimento para los salteados y añade un fantástico brillo a cualquier plato. Una vez abierta consérvela en el frigorífico.

Aceite de sésamo Es un aceite con un intenso sabor a nueces hecho a partir de semillas de sésamo blancas tostadas. Úselo con moderación. Su aroma se pierde si se calienta mucho, por lo que es recomendable añadirlo a los salteados al final de la cocción.

Salsa de soja Salsa hecha a partir de brotes de soja germinados. Se pueden encontrar multitud de variantes de esta salsa. La salsa de soja clara es más salada que la oscura y se usa, en general, para dar sabor a las marinadas o en las primeras fases de la preparación de los salteados. La salsa de soja más oscura es más densa y más dulce, y suele añadirse al final de la cocción para que el sabor final del plato sea más intenso y más dulce. También se usa como salsa para mojar.

especias y hierbas aromáticas

Polvo de cinco especias Aromática mezcla de especias chinas hecha a base de anís estrellado molido, semillas de hinojo, clavo, canela y pimienta de Sichuan. Más dulce y aromática que picante.

Jengibre y galanga La raíz tierna de jengibre se usa para dar un fresco toque picante a muchos platos de este libro. La galanga pertenece a la familia del jengibre y aunque su aspecto es similar, su sabor es más floral y más alimonado. Es uno de los ingredientes más comunes en las pastas de curry thai. Si no puede encontrar galanga, use raíz de jengibre fresco. Guarde el jengibre y la galanga en el frigorífico, envueltos en film transparente, hasta un máximo de dos semanas.

Hoja de lima kaffir Se usa en la cocina del sureste asiático. Estas pequeñas hojas dan un refrescante sabor a cáscara de limón a los salteados y a las recetas con curry. También usa ralladura de lima como sustituto, aunque restará fresca.

Citronela Es un ingrediente básico de la cocina tailandesa y de la cocina del sureste asiático. La citronela es un tallo de color verde pálido utilizado en las pastas de curry. Si no lo encuentra, sustitúyalo por una mezcla de ralladura de lima y ralladura de limón. Se conserva en el frigorífico una semana.

Pimienta de Sichuán No es en absoluto picante. De hecho, no se puede considerar estrictamente pimienta. Se trata, en realidad, de bayas secas de un arbusto cítrico. Tienen un aroma floral y un sabor delicado. Se puede encontrar en la mayoría de grandes supermercados.

Tamarindo La pulpa de la fruta del tamarindo tiene un sabor picante, ácido y alimonado y se usa bastante en la cocina del sureste asiático.

Albahaca tailandesa También conocida como albahaca sagrada, esta hierba aromática presenta un aspecto y una fragancia similar a la albahaca europea. Las hojas de albahaca tailandesa son ligeramente más gruesas y velludas, por lo que tienen que cocerse bien. Generalmente se encuentra sólo en tiendas asiáticas, por lo que si le resulta difícil encontrarla, la puede sustituir por albahaca europea, aunque deberá incorporarla a la receta al final de la cocción.

menús recomendados

Las recetas de este libro pueden tomarse solas o bien acompañarlas con arroz o fideos. Si quiere preparar un menú más contundente, puede combinar diferentes recetas. A continuación le ofrecemos distintas combinaciones posibles para diferentes ocasiones.

menús diarios para 4 personas

Revoltillo con ternera picada (pág. 28)
Chop suey de verduras (pág. 180)
Arroz hervido o fideos

Salteado de ternera y verduras (pág. 18)
Arroz frito con huevo (pág. 204)

Pollo con pimientos y anacardos (pág. 76)
Pak choi con chile y jengibre (pág. 174)
Arroz hervido o fideos

Salteado de pollo con sésamo (pág. 110)
Verduras con salsa de judías amarillas (pág. 188)

Cerdo con judías negras y chile (pág. 54)
Chop suey de verduras (pág. 180)
Arroz hervido o fideos

menús vegetarianos para 4 personas

Verduras con salsa de chile dulce (pág. 182)
Col rizada con chile (pág. 194)
Arroz frito con huevo (pág. 204)

Pad tailandés de tofu (pág. 224), si se sustituye la
salsa de pescado por sal al gusto y se suprimen
las gambas secas
Curry amarillo tailandés de verduras (pág. 168),
si se sustituye la salsa de pescado por sal al gusto
Pak choi con chile y jengibre (pág. 174)
Arroz hervido

menús originales para 4 personas
Ternera a la tailandesa con pimientos y chile (pág. 30)
Curry verde tailandés de pollo (pág. 112)
Arroz hervido
Curry rojo tailandés de cerdo con judías (pág. 68)
Marisco con pimienta fresca (pág. 162)
Arroz hervido

Pato con salsa hoisin (pág. 106)
Gambas y vieiras con espárragos (pág. 150)
Arroz hervido o fideos

divertido menú vegetariano para 4 personas
Tofu con champiñones (pág. 192), si se sustituye
la salsa de ostras por salsa de soja oscura
Verduras con salsa de chile dulce (pág. 182)
Arroz hervido o fideos

menús originales para 6 personas
Costillas a las cinco especias chinas (pág. 72)
Cerdo agridulce (pág. 48)
Pollo con puerros y espárragos (pág. 86)
Fideos estilo Singapur (pág. 232)
Arroz frito chino con cerdo y gambas (pág. 208)
Barquillos de cerdo, chile y cacahuete (pág. 58)
Curry tailandés suave de pescado (pág. 158)

Curry jungla tailandés de pato (pág. 102)
Pad thai de tofu (pág. 224)
Arroz hervido

menú de marisco para 6 personas
Calamar con sal y pimienta (pág. 136)
Lubina al vapor con cítricos (pág. 124)
Vieiras con salsa Sichuan (pág. 138)
Choi sum al ajillo (pág. 178)
Arroz hervido

divertido menú vegetariano para 6 personas
Curry amarillo tailandés de verduras (pág. 168),
si se sustituye la salsa de pescado por sal al gusto
Tofu con chile y tamarindo (pág. 198), si se suprime
la pasta de gambas
Salteado de espárragos y champiñones (pág. 170),
si se sustituye la salsa de ostras por salsa de soja
oscura
Ensalada aromática de zanahoria y frutos secos
(pág. 184)
Arroz hervido

ternera y cordero

salteado de ternera con verduras

4 raciones

tiempo de preparación
  15 minutos, más tiempo
  de marinado
tiempo de cocción **12 minutos**

1 cucharada de **miel líquida**
3 cucharadas de **salsa de soja clara**
3 cucharadas de **vino de arroz chino** o **jerez seco**
3 cucharadas de **salsa de ostras**
1 cucharada de **harina de maíz**
500 g de **solomillo**, desgrasado y cortado en tiras
50 ml de **caldo de pollo**
½ cucharadita de **pimienta blanca**
3 cucharadas de **aceite de cacahuete**
1 cucharadita de **raíz de jengibre fresca** picada
3 **dientes de ajo** picados
125 g de **cogollitos de brécol**
150 g de **setas shiitake**, cortadas por la mitad si son grandes
2 **pak choi**, con las hojas separadas
5 **cebollas tiernas** cortadas en rodajas finas

Mezcle la miel, la salsa de soja, el vino de arroz, la salsa de ostras y la harina de maíz. Coloque el solomillo en un plato llano no metálico, vierta la mitad de la mezcla por encima y deje marinar la carne durante como mínimo 30 minutos. Añada el caldo y la pimienta blanca al resto de la mezcla y resérvelo aparte.

Caliente una cucharada de aceite en un wok a fuego fuerte hasta que el aceite empiece a burbujear. Añada la mitad de la carne y saltéela durante 2 minutos y después colóquela en un plato junto con su jugo. Caliente otra cucharada de aceite y saltee el resto de la misma forma.

Vuelva a colocar el wok sobre el fuego y límpielo con papel de cocina. Caliente el aceite restante y, a continuación, añada el jengibre y el ajo. Agregue el brécol y, tras 30 segundos, las setas. Saltéelo todo durante 2 minutos y finalmente añada el *pak choi*. Saltéelo todo hasta que esté tierno.

Vierta el resto de la mezcla, llévela a ebullición y añada el solomillo. Incorpore las cebollas tiernas y remuévalo todo bien hasta que esté bien caliente. Sírvalo inmediatamente. Si lo desea, puede acompañarlo con arroz.

Para preparar tofu con shiitake, *pak choi* y brotes de soja

Prescinda de la carne y use la mitad de la salsa para marinar un trozo de tofu de 300 g durante 10 minutos. Saltéelo en el wok con 3 cucharadas de aceite caliente y después retire el tofu con una espumadera y prepare la receta siguiendo los pasos descritos, pero sin usar brécol. Añada 75 g de brotes de soja junto con el resto de la salsa. Cuando rompa a hervir, añada el tofu frito y las cebollas tiernas.

ternera crujiente con zanahorias y naranja

4 raciones
tiempo de preparación
10 minutos
tiempo de cocción **10 minutos**

2 cucharaditas de **granos de pimienta de Sichuan**
1 pizca de **sal**
2 cucharaditas de **harina de maíz**
375 g de **solomillo de ternera** desgrasado y cortado en finas tiras
aceite vegetal para freír
200 g de **zanahorias** cortadas en tiras finas
1 pieza de 1 cm de **raíz de jengibre fresca**, cortada en finas tiras
2 **dientes de ajo** picados
3 cucharadas de **salsa de soja clara**
3 cucharadas de **zumo de naranja**
la ralladura de media **naranja**
3 cucharadas de **vino de arroz chino** o **jerez seco**
2 cucharadas de **miel líquida**

para la **guarnición**
3 **cebollas tiernas** cortadas a lo largo
la ralladura de **media naranja**

Coloque los granos de pimienta de Sichuan en un wok seco y remuévalos a fuego medio hasta que empiecen a reventar y a desprender su aroma. Deposítelos a continuación en un mortero, añádales sal y machaquélos. Coloque la pimienta en un plato junto a la harina de maíz, incorpore después las tiras de ternera y mézclelo bien.

Vierta suficiente aceite en el wok como para freír las zanahorias y la ternera. Caliéntelo a 190 °C o hasta que un trozo de pan se dore en el aceite en 20 segundos. Fría las zanahorias durante 2 minutos, hasta que estén doradas y crujientes y parezcan haberse secado. Retírelas del wok con una espumadera y déjelas escurrir sobre papel de cocina.

Fría la ternera en dos fases durante unos 30 segundos, hasta que esté crujiente y adopte un color oscuro. Retírela con una espumadera y déjela escurrir sobre papel de cocina.

Retire del wok todo el aceite menos una cucharada y vuelva a colocarlo sobre el fuego. Añada el jengibre y el ajo y saltéelos bien. A continuación vierta la salsa de soja, el zumo y la ralladura de naranja y el vino de arroz. Vierta la miel y espere a que se disuelva. A continuación agregue la ternera, las zanahorias y las cebollas tiernas. Saltéelo todo bien a fuego lento hasta que la salsa se vuelva espesa y pegajosa y sírvalo. Si lo desea, acompáñelo de arroz al vapor. Decore el plato con tiras de cebolla tierna y ralladura de naranja.

Para preparar ternera crujiente con brécol, escalde 150 g de pequeños cogollos de brécol durante 2 minutos en agua hirviendo. Fría los cogollos escurridos en lugar de las zanahorias y siga los mismos pasos de la receta anterior.

ternera con salsa de judías negras

4 raciones

tiempo de preparación
10 minutos

tiempo de cocción **10 minutos**

3 cucharadas de **aceite
de cacahuete**

500 g de **ternera** magra cortada
en finas tiras

1 **pimiento rojo** sin semillas
y cortado en tiras

6 **mazorquitas de maíz dulce**
cortadas por la mitad a lo largo

1 **chile verde**, sin semillas
y cortado en tiras

3 **chalotas** cortadas en rodajas
finas

2 cucharadas de **salsa
de judías negras**

4 cucharadas de **agua**

1 cucharadita de **harina de maíz**
mezclada con 1 cucharada
de **agua**

sal

Caliente 1 cucharada de aceite en un wok a fuego fuerte
hasta que el aceite empiece a burbujear. Añada la mitad
de la ternera, sazónela y saltéela durante 2 minutos.
Cuando empiece a adquirir color, retírela con una espumadera
y colóquela en un plato. Caliente otra cucharada de
aceite y saltee el resto de la ternera de la misma forma.

Vuelva a colocar el wok sobre el fuego y límpielo con papel
de cocina. Caliente el aceite restante y añada el pimiento,
la harina de maíz, el chile y las chalotas. Saltéelo todo durante
2 minutos y después añada la salsa de judías negras, el agua
y la pasta de harina de maíz. Llévelo a ebullición, incorpore
después la ternera y saltéelo todo hasta que la salsa
espese y hasta que los ingredientes presenten un aspecto
aterciopelado. Si lo desea, acompañe la receta con arroz.

**Para preparar langostinos con cebollas tiernas
y salsa de judías negras**, sustituya la ternera por
250 g de langostinos crudos pelados. Sustituya también
la harina de maíz, el chile verde y las chalotas por brotes
de soja, 1 chile rojo y 3 cebollas tiernas cortadas en
trozos de 1 cm y cocínelos como se indica en la receta.

estofado de ternera con verduras y especias

4 raciones

tiempo de preparación
15 minutos

tiempo de cocción **2 horas y 30 minutos**

- 2 cucharadas de **aceite de colza** o de **aceite de oliva**
- 1 **cebolla** grande picada
- 1 cucharada de **raíz jengibre fresco** picado
- 2 **chiles** cortados en rodajas
- 500 g de **carne** para **estofar** o **guisar**, cortada en dados de 2,5 cm
- 2 **dientes de ajo** majados
- 600 ml de **caldo de ternera**
- 5 **estrellas de anís**
- 1 cucharadita de **polvo de cinco especias chinas**
- 1 **vaina de canela**
- 1 cucharadita de **semillas de hinojo**
- 2 **hojas secas de lima kaffir**
- 1 tallo de **citronela** picado
- 1 cucharadita de **granos de pimienta negra**
- 2 cucharadas de **salsa shoyu** o **tamari**
- 400 g de **zanahorias** cortadas en rodajas de 1 cm
- 500 g de **daikon** o de **nabos** cortados en rodajas de 1 cm
- **cebollino chino** o **cebollino común** para decorar

Caliente el aceite en un wok a fuego medio. Añada la cebolla, el jengibre y los chiles y saltéelo todo durante 5-7 minutos.

Suba el fuego a la máxima potencia, añada la ternera y saltéela durante 5-10 minutos, hasta que esté ligeramente dorada; remueva de vez en cuando.

Añada el ajo, el caldo, el anís estrellado, el polvo de cinco especias chinas, la canela, las semillas de hinojo, las hojas de lima, la citronela, los granos de pimienta y la salsa shoyu y remuévalo todo bien. Lleve la mezcla a ebullición y después baje el fuego. Cubra el wok y déjelo cocer a fuego lento durante 1 hora y media; vaya removiendo de vez en cuando. Añada las zanahorias y el daikon y déjelo cocer, tapado, durante otros 45 minutos o hasta que las verduras estén blandas.

Retire la grasa de la superficie y adorne el plato con los nabos antes de servir.

Para preparar brócoli con sésamo para acompañar el guiso, escalde 500 g de cogollos de brécol en una cazuela con agua hirviendo durante 2 minutos. A continuación escúrralos y colóquelos en una fuente. Puede preparar un aliño mezclando 1 cucharadita de aceite de sésamo, una cucharada de salsa shoyu y 1 diente de ajo majado y verterla después sobre el brócol. Justo antes de servir, rocíe el plato con una cucharada de semillas de sésamo tostadas.

ensalada tailandesa de ternera picante

4 raciones

tiempo de preparación
15 minutos

tiempo de cocción
5-10 minutos

2 cucharadas de **aceite vegetal**

500 g de **filete** o **churrasco**
cortado en tiras finas

3 **dientes de ajo** finamente
picados

2 **chile verdes** cortados
en rodajas finas

el zumo de 2 **limones**

1 cucharada de **salsa
de pescado tailandesa
(nam pla)**

2 cucharaditas de **azúcar
extrafino**

2 **papayas** maduras cortadas
en rodajas finas

½ **pepino** grande cortado
en tiras

75 g de **brotes de soja**

1 **lechuga** cortada en tiras

Caliente el aceite en un wok a fuego moderado. Añada la carne, el ajo y los chiles. Suba el fuego a la máxima potencia y saltéelo todo durante 3-4 minutos o hasta que la carne esté dorada por todos los lados.

Vierta el zumo de limón y la salsa de pescado. Añada después el azúcar y saltéelo todo hasta que empiece a chisporrotear; retire el wok del fuego.

Retire la carne del líquido con una espumadera y mézclela con las papayas, el pepino, los brotes de soja y la lechuga. Esparza el líquido del wok sobre los ingredientes de la ensalada a modo de aliño y sirva el plato caliente acompañado, si lo desea, de un cuenco con salsa de chile.

Para preparar una ensalada de ternera con mango,

cueza la ternera con el ajo, los chiles, el jugo de limón, la salsa de pescado y el azúcar como se indica en la receta. Sustituya las papayas por 2 mangos maduros cortados en rodajas finas y prescinda de la lechuga. Mezcle la ternera con los mangos, el pepino y los brotes de soja y sírvalo todo caliente sobre un lecho de hojas de cilantro (en lugar de lechuga); rocie la ensalada con el líquido de cocción del wok.

ternera picada con huevos revueltos

4 raciones

tiempo de preparación
5 minutos, más tiempo
de marinado
tiempo de cocción **10 minutos**

300 g de **ternera picada**
1,5 cucharadas de **salsa
de soja clara**
3 cucharaditas de **aceite
de sésamo**
1 cucharada de **vino de arroz
chino** o **jerez seco**
1 cucharadita de **azúcar
extrafino**
½ cucharadita de **sal**
3 cucharadas de **aceite
de cacahuete**
1 **cebolla roja** cortada en finas
rodajas
1 **chile rojo** sin semillas
y picado
3 **huevos**
pimienta negra
un puñado de **hojas de cilantro**
para decorar

Desmenuce la carne de ternera con un tenedor y colóquela en
un cuenco. Añada 1 cucharada de salsa de soja, 2 cucharaditas
de aceite de sésamo y el vino de arroz. Incorpore el azúcar
y la sal y condiméntelo con abundante pimienta negra molida.
Déjelo marinar durante 15 minutos.

Caliente 2 cucharadas de aceite de cacahuete en un wok
a fuego fuerte hasta que el aceite empiece a burbujear. Añada
la cebolla y el chile y saltéelos durante 2 minutos hasta que
empiecen a adquirir color. Incorpore la ternera y déjela cocer
hasta que esté dorada (sin que llegue a ponerse marrón).
Escúrrala con un colador.

Limpie bien el wok, vuelva a ponerlo sobre el fuego y vierta el
resto de aceite de cacahuete. Mientras se calienta el aceite,
bata los huevos junto con el resto de la salsa de soja y el aceite
de sésamo y condimente la mezcla con un poco de pimienta
negra. Viértala en el aceite caliente y remuévala bien durante
1 minuto hasta que cuaje el huevo, procurando que quede
jugoso y cremoso. Incorpore la ternera al wok y saltéelo todo
durante 1 minuto. Esparza las hojas de cilantro por encima
y, si lo desea, sirva la receta acompañada de arroz.

Para preparar pollo picado con huevo y fideos,

sumerja 200 g de fideos de arroz secos siguiendo las
instrucciones del envase. Escúrralos y resérvelos aparte.
Cueza 300 g de carne de pollo picada (en lugar de
ternera) con el resto de ingredientes del salteado como
se indica en la receta. Añada los fideos escurridos
al retirar la carne. Saltéelos hasta que estén calientes
y esparza las hojas de cilantro por encima y rocíelos
con el jugo de una lima.

ternera con pimientos y chile a la tailandesa

4 raciones

tiempo de preparación
5 minutos

tiempo de cocción **15 minutos**

2 cucharadas de **aceite
de cacahuete**
2 **filetes de solomillo**
(de unos 250 g cada uno)
1 **cebolla** cortada en rodajas
1 **pimiento rojo**, **1 amarillo**
y **1 verde**, sin semillas y
cortados en tiras
1 tallo de **citronela** bien picado
2 **chiles rojos** sin semillas
y bien picados
2 **dientes de ajo** bien picados
1 trozo de 1 cm **de raíz de
jengibre fresco** bien picado
4 cucharadas de **salsa de ostras**
3 cucharadas de **agua**
un puñado de **hojas de
albahaca tailandesa**
sal y **pimienta negra**

Unte la carne con 1 cucharada de aceite y condiméntela
con sal y pimienta negra recién molida. Cueza la carne
en una plancha durante 3 minutos por lado y déjela reposar
aparte durante 3-4 minutos. Córtela en tiras.

Caliente el resto del aceite en un wok a fuego fuerte
hasta que el aceite empiece a burbujear. Añada la
cebolla. Después de 3 minutos, cuando la cebolla empiece
a reblandecerse, incluya los pimientos, la citronela, los
chiles, el ajo y el jengibre. A continuación, añada la salsa
de ostras y el agua y llévelo todo a ebullición.

Retire el wok del fuego y añada la albahaca y las tiras
de carne. Sírvalo inmediatamente.

**Para preparar una ensalada aromática de ternera,
pimientos y chile**, cueza 50 g de fideos de arroz finos
siguiendo las indicaciones del envase. Escúrralos, aclárelos
con agua abundante y resérvelos aparte. Cueza la ternera
y los pimientos siguiendo los pasos anteriores y déjelos
enfriar. Colóquelos después en un cuenco y añada la
albahaca, un puñado de anacardos tostados, un puñado
de hojas de cilantro y los fideos de arroz y mézclelo todo bien.

curry rojo tailandés de ternera

4 raciones
tiempo de preparación
5 minutos
tiempo de cocción **8 minutos**

1 cucharada de **aceite
de cacahuete**

625 g de **solomillo**, desgrasado
y cortado en rodajas

2 cucharadas de **pasta de curry
rojo** envasada o casera
(*véase* pág. 80)

Lata de 400 ml de **leche de coco**

150 ml de **caldo de ternera
o de verduras**

1 cucharada de **azúcar moreno**

1 trozo de 2,5 cm de **raíz
de jengibre fresco** cortado
a láminas

1 tallo de **citronela** machacado

100 g de **tirabeques** cortados
en diagonal

100 g de **brotes de soja**

1 cucharada de **salsa de
pescado tailandesa (nam pla)**

ralladura de 1 **lima**

1 puñadito de **hojas de cilantro**

Caliente el aceite en un wok a fuego fuerte hasta que
el aceite empiece a burbujear. Añada el solomillo y la pasta
de curry y remuévalo para que la carne se impregne bien.
Saltéelo durante aproximadamente 2 minutos, hasta
que el solomillo esté dorado por fuera y rosado por dentro.

Vierta la leche de coco y el caldo y añada el azúcar, el jengibre,
la citronela, los tirabeques, la salsa de pescado y la ralladura
de lima. Llévelo a ebullición, reduzca después el fuego
y déjelo cocer todo a fuego lento durante 2 minutos,
hasta que los tirabeques estén blandos.

Retire el jengibre y la citronela del curry y añada el cilantro.
Si lo desea, sírvalo acompañado de arroz.

Para preparar un curry tailandés de verduras, prescinda de
la ternera y sustitúyala por dados de berenjena, 6 mazorquitas
de maíz cortadas a lo largo y 25 g de brotes de bambú
laminados en conserva (escurridos). Fría la pasta de curry
en el aceite durante 1 minuto y a continuación añada las
verduras y el resto de los ingredientes siguiendo los pasos
como se indica en la receta. Déjelo cocer todo a fuego lento
durante 7-8 minutos, hasta que la berenjena se reblandezca.

tiras de ternera a la indonesia

4 raciones

tiempo de preparación
5 minutos

tiempo de cocción **8 minutos**

1 **cebolla** troceada

2 **dientes de ajo**

Trozo de 2,5 cm de **raíz de jengibre fresco** cortado en láminas

1 **chile rojo** sin semillas

2 cucharadas de **gamba deshidratada**

3 cucharadas de **aceite de cacahuete**

500 g de **ternera** magra cortada en finas tiras

1 cucharada de **pasta de tamarindo**

2 cucharadas de **salsa de soja oscura**

4 cucharadas de **agua**

1 cucharadita de **azúcar moreno**

1 puñadito de **hojas de menta** troceadas (y algunas enteras para decorar)

1 cucharada de **cebollino** picado para decorar

Mezcle la cebolla, el ajo, el jengibre, el chile y la gamba deshidratada en una picadora hasta obtener una pasta fina.

Caliente el aceite en un wok a fuego medio y cueza la pasta, sin parar de remover, durante unos 2 minutos, hasta que el aceite se separe del resto de ingredientes.

Añada la ternera y saltéela hasta que la carne se vuelva opaca. Incorpore después la pasta de tamarindo, la salsa de soja y el agua. Déjelo cocer a fuego lento, con el wok destapado, durante 2-3 minutos, hasta que buena parte del líquido se haya evaporado y la carne esté tierna. Añada el azúcar y las hojas de menta troceadas, sazone al gusto y adorne el plato con el cebollino y unas pocas hojas de menta enteras. Si lo desea, sírvalo acompañado de un plato de verduras y arroz.

Para preparar cerdo con pimientos amarillos

y champiñones, sustituya la ternera por 500 g de carne de cerdo cortada en finas tiras. Añada un pimiento amarillo sin semillas y cortado en finas tiras y 75 g de champiñones grandes cortados por la mitad. Siga los pasos de la receta anterior y añada las verduras adicionales al wok junto con la carne.

ternera con pepino al estilo coreano

4 raciones

tiempo de preparación
12 minutos, más tiempo
de marinado
tiempo de cocción **10 minutos**

500 g de **solomillo** desgrasado
y cortado en finas tiras
2 cucharaditas de **aceite
de sésamo**
2 cucharadas de **salsa
de soja clara**
½ cucharadita de **sal**
1 cucharadita de **azúcar
extrafino**
2 **dientes de ajo** majados
1 cucharada de **raíz de jengibre
fresco** picada
1 **pepino**
3 cucharadas de **aceite
de cacahuete**
4 **cebollas tiernas** cortadas
diagonalmente en rodajas
2 cucharadas de **semillas de
sésamo** tostadas para decorar

Marine la ternera durante 30 minutos en un cuenco
con el aceite de sésamo, la salsa de soja, la sal, el azúcar,
el ajo y el jengibre.

Pele el pepino, córtelo por la mitad a lo largo y después
en rodajas de 1 cm.

Caliente la mitad del aceite en un wok a fuego fuerte hasta
que empiece a burbujear. Añada la mitad de la ternera y
saltéela durante 2-3 minutos, hasta que esté al punto. Retírela
del wok con una espumadera. Caliente el aceite restante
y saltee el resto de la ternera siguiendo el mismo proceso.

Añada el pepino y las cebollas tiernas. Saltéelo todo durante
1 minuto más, hasta que el pepino esté ligeramente tierno.
Sirva el plato adornado con semillas de sésamo tostadas.

Para preparar cerdo con especias y pepino, sustituya
la ternera por 500 g de carne de cerdo magro cortada en
tiras. Añada 1 cucharada de semillas de cilantro machacadas
a los ingredientes de la marinada y prepare el plato siguiendo
los mismos pasos que la receta anterior. Añada 1 chile rojo
cortado en rodajas finas, un puñado de hojas de cilantro
y el zumo de ½ lima al plato final.

ternera con pimientos amarillos

4 raciones
tiempo de preparación
10 minutos
tiempo de cocción **8 minutos**

½ cucharadita de **aceite
de cacahuete**
1 cucharada de **salsa
de judías negras**
400 g de **filete** o **churrasco**
troceado
1 **chile rojo** sin semillas
y cortado en tiras
100 g de **cebolla** cortada
en dados
300 g de **pimientos amarillos**
sin semillas y cortados
en dados
200 ml de **caldo de ternera**
caliente
1 cucharadita de **harina de maíz**
mezclada con una cucharada
de **agua**

Caliente el aceite en un wok a fuego fuerte hasta que
el aceite empiece a burbujear. Añada la salsa de judías
negras y saltéela durante unos segundos. Agregue después
las tiras de ternera y saltéelas durante aproximadamente
un minuto, hasta que estén medio cocidos.

Incorpore el chile, la cebolla y los pimientos amarillos
y saltéelo todo durante 1-2 minutos. Añada después el caldo
caliente y llévelo a ebullición.

Incluya poco a poco la harina de maíz hasta que la salsa
se haya espesado y se haya vuelto transparente. Sirva
el plato inmediatamente.

**Para preparar un mojo de tomate picante para acompañar
la ternera**, caliente 100 ml de puré de tomate en un wok
con 2 cucharadas de vino de arroz chino, 1 cucharada
de salsa de soja clara, 1 cucharadita de aceite de chile
y 2 cucharadas de agua. Déjelo cocer todo a fuego lento
hasta obtener una salsa espesa. Retírela del fuego y déjela
enfriar antes de servirla.

ensalada de ternera, tomate y cebolla

4 raciones

tiempo de preparación
10 minutos

tiempo de cocción **6 minutos**

2 cucharadas de **aceite
de cacahuete**

1 cucharada de **raíz de jengibre
fresco** picada

2 **dientes de ajo** picados

375 g de **solomillo** desgrasado
y cortado en finas tiras

250 g de **tomates cherry**
cortados por la mitad

1 puñado de **hojas de cilantro**

1 **cebolla roja** cortada en
rodajas finas

para la **salsa**

1 cucharada de **salsa
de soja oscura**

2 cucharaditas de **harina
de maíz**

1 cucharadita de **vino
de arroz chino** o **jerez seco**

1 pizca de **sal**

Mezcle bien los ingredientes de la salsa en un cuenco
para eliminar posibles grumos. Resérvela aparte.

Caliente el aceite en un cuenco a fuego fuerte hasta que
el aceite empiece a burbujear. Añada el jengibre y el ajo
y saltéelos durante unos pocos segundos. Incorpore después
la ternera y continúe salteando durante otros 2-3 minutos,
hasta que la carne esté ligeramente dorada.

Añada los ingredientes de la salsa, remueva bien la mezcla
y déjela cocer hasta obtener un glaseado denso. Traslade
la ternera a un cuenco junto con el resto de ingredientes.
Compruebe si le falta sal y sírvala como ensalada templada.

**Para preparar una ensalada de pollo con menta
y verduras crujientes**, prescinda de la ternera y cueza
375 g de pechuga de pollo cortada en tiras junto con
el ajo y el jengibre, tal como se indica en la receta. Incorpore
la salsa y remuévalo todo. Cuando el pollo esté cocido
y glaseado, póngalo en un cuenco con 4 rábanos cortados
en rodajas finas, 50 g de brotes de soja, 50 g de guisantes
dulces y un puñado generoso de hojas de menta.

cordero con guisantes dulces

4 raciones

tiempo de preparación
10 minutos, más tiempo
de marinado

tiempo de cocción **10 minutos**

2 cucharaditas de **harina
de maíz**

1,5 cucharadas de **vino
de arroz chino** o **jerez seco**

2 cucharadas **de salsa
de soja clara**

2 **dientes de ajo** picados

500 g de **filetes de cordero**
cortados en finas tiras

1 cucharadita de **granos
de pimienta de Sichuan**

¼ de cucharadita de **sal de roca**

3 cucharadas de **aceite
de cacahuete**

75 g de **guisantes dulces**
cortados en 3 trozos

1 cucharadita de **aceite
de sésamo**

1 **chile rojo** sin semillas
y picado

1 **cebolla tierna** cortada
en rodajas muy finas

Mezcle la harina de maíz con el vino de arroz hasta obtener una pasta y después vierta la salsa de soja y el ajo. Añada el cordero y remuévalo hasta que quede bien impregnado. Déjelo marinar durante 25-30 minutos. Escúrralo.

Coloque los granos de pimienta de Sichuan en un wok seco y caliéntelos a fuego medio mientras los remueve hasta que empiecen a saltar y a desprender su aroma. Póngalos en un mortero y macháquelos junto con la sal.

Caliente la mitad del aceite en un wok a fuego fuerte hasta que el aceite empiece a burbujear. Añada la mitad del cordero y saltéelo durante tres minutos. Retírelo del wok con una espumadera. Caliente el aceite restante y saltee el resto del cordero siguiendo los mismos pasos.

Vuelva a colocar el cordero en el wok. Incorpore los guisantes dulces y después de 1 minuto vierta el aceite de sésamo y añada los chiles, la cebolla tierna y la mezcla de sal y pimienta. Déjelo cocer todo durante 1 minuto más y, si lo desea, sirva el plato acompañado de fideos.

Para preparar vieiras con tirabeques y pimienta
de Sichuan, sustituya el cordero por 12 vieiras preparadas y los guisantes dulces por 75 g de tirabeques cortados por la mitad. Marine las vieiras como se indica en la receta y saltéelas de 6 en 6. Colóquelas de nuevo en el wok, añada los tirabeques y los otros ingredientes y siga los pasos como se indica en la receta.

cordero con boniatos y judías

4 raciones

tiempo de preparación
15 minutos

tiempo de cocción **15 minutos**

3 cucharadas de **aceite
de cacahuete**

1 trozo de 2,5 cm de **raíz
de jengibre fresco** picada

2 **dientes de ajo** bien picados

2 **chiles rojos** sin semillas
y cortados en tiras

400 g de **boniato** pelado,
cortado en rodajas finas
partidas por la mitad

150 g de **judías verdes** cortadas
por la mitad

250 g de **filetes de cordero
magros** cortados en finas tiras

3 cucharadas de **salsa de ostras**

1 cucharada de **agua**

1 cucharadita de aceite
de sésamo

Caliente la mitad del aceite en un wok a fuego fuerte
hasta que el aceite empiece a burbujear. Añada el jengibre,
el ajo y los chiles y saltéelo todo durante unos segundos
y a continuación añada el boniato. Saltéelo durante 3 minutos,
incluya después las judías verdes y saltéelo todo durante
otros 3-4 minutos, hasta que el boniato esté tierno y las
judías estén doradas. Coloque las verduras en un plato grande
y resérvelas aparte mientras cocina el cordero.

Vuelva a colocar el wok sobre el fuego. Límpielo bien con
papel de cocina y caliente el aceite de cacahuete restante.
Añada el cordero y saltéelo durante 2 minutos. Después
vierta la salsa de ostras y el agua. Déjelo cocer, sin parar de
remover, durante 1 minuto y, por último, incorpore las verduras
cocidas y saltéelo todo durante 1 minuto. Vierta el aceite
de sésamo, remuévalo todo bien y sirva el plato.

Para preparar pollo con zanahorias y salsa

de judías negras, corte en rodajas 250 g de zanahorias
y añádalas a la receta en lugar de los boniatos. En vez
de cordero, incluya 250 g de pechuga de pollo cortada
en dados y con 3 cucharadas de salsa de judías negras
sustituya la salsa de ostras.

cerdo

cerdo con salsa agridulce

4 raciones
tiempo de preparación
15 minutos, más tiempo
de marinado
tiempo de cocción **20 minutos**

4 cucharadas de **harina de maíz**
1 cucharada de **vino de arroz
chino**
1 cucharada de **salsa de soja
clara**
2 cucharadas de **aceite
de sésamo**
1 **yema de huevo**
½ cucharadita de **sal**
500 g de **carne magra de
cerdo** desgrasada y cortada
en trozos de 2,5 cm
1 **pimiento rojo** y 1 **verde**, sin
semillas y cortados a dados
1 **zanahoria** cortada en rodajas
150 g de **piña en almíbar**
escurrida y troceada
2 cucharadas de **salsa de soja
clara**
4 **cebollas tiernas** en rodajas
4 cucharadas de **harina**
aceite vegetal para freír

para la **salsa agridulce**
200 ml de **vinagre de malta**
100 ml de **vino de arroz chino**
2 cucharadas de **azúcar extrafino**
4 cucharadas de **puré de tomate**
1,5 cm de **jengibre fresco** laminado
3 **dientes de ajo** majados

Coloque 1 cucharada de harina de maíz en un cuenco
grande y vierta después el vino de arroz. Remuévalo todo
hasta obtener una pasta. A continuación vierta la salsa
de soja, el aceite de sésamo, la yema de huevo y la sal. Añada
el cerdo y mézclelo todo bien. Tape el cuenco y deje marinar el
cerdo durante 2 horas o durante toda la noche en el frigorífico.

Mezcle todos los ingredientes de la salsa agridulce
en una cazuela y llévelos a ebullición. Añada los pimientos
y la zanahoria y reduzca el fuego. Déjelo cocer todo a fuego
lento durante 5 minutos. Añada después la piña y déjelo
cocer durante otros 3-4 minutos, hasta que las verduras
y la fruta estén tiernas. Vierta finalmente la salsa de
soja y las cebollas tiernas y resérvelo aparte.

Mezcle la harina de trigo y las 3 cucharadas restantes
de harina de maíz y añádala al cerdo marinado.

Vierta suficiente aceite en el wok como para freír el cerdo.
Caliéntelo a 190 °C o hasta que un trozo de pan se dore
en el aceite en 20 segundos. Fría el cerdo por tandas durante
3-4 minutos, hasta que esté dorado. Retire la carne del wok
con una espumadera y déjela escurrir sobre papel de cocina.
Mezcle la carne con la salsa agridulce.

Para preparar verduras en salsa agridulce, prescinda del
cerdo y de la marinada. Prepare la salsa agridulce como se
indica en la receta y resérvela aparte. Caliente una cucharada
de aceite de cacahuete en un wok y saltee una zanahoria
cortada en rodajas, 1 pimiento rojo y 1 verde sin semillas y
cortados en tiras, 200 g de cogollos de coliflor y 5 cebollas
tiernas cortadas en rodajas durante 3 minutos. Vierta la salsa
y cuézalo a fuego lento hasta que las verduras estén tiernas.

curry rojo tailandés de cerdo

4 raciones
tiempo de preparación
20 minutos
tiempo de cocción **30 minutos**

2 cucharadas de **aceite
de cacahuete**
2 **chalotas** cortadas en rodajas
1 **chile verde** sin semillas
y cortado en rodajas
2 cucharadas de **pasta de curry
rojo tailandés**, envasada
o casera (*véase* pág. 80)
500 g de **carne magra de cerdo**
troceada
1 cucharada de **salsa
de pescado tailandesa
(nam pla)**
½ cucharadita de **azúcar
moreno**
lata de 150 ml de **leche de coco**
75 g de **brotes de bambú**
en conserva escurridos (más
unos cuantos para acompañar)
2 cucharadas de **hojas
de cilantro** picadas

para la **decoración**
1 **chile rojo** cortado en rodajas
unas ramitas de **cilantro**

Caliente el aceite en un wok a fuego suave. Añada las chalotas y el chile y saltéelos durante 3 minutos. Incorpore después la pasta de curry y fríala durante 1 minuto más.

Añada el cerdo y remuévalo para que se impregne bien con la mezcla de especias, y a continuación la salsa de pescado y el azúcar moreno; saltéelo todo durante otros 3 minutos. Vierta la leche de coco y llévelo a ebullición. Reduzca el fuego y déjelo cocer todo a fuego lento durante 20 minutos, remueva de vez en cuando, hasta que la carne esté tierna.

Incorpore los brotes de bambú y el cilantro picado y déjelos cocer durante 2 minutos para que se calienten bien.

Decore el curry con las rodajas de chile rojo y las ramitas de cilantro y sírvalo inmediatamente acompañado de unos brotes de bambú.

Para preparar un curry amarillo tailandés suave,

prescinda del chile verde y sustituya la pasta de curry por 2 cucharadas de pasta de curry amarillo (envasado o casero; *véase* pág.148). Use 400 ml de leche de coco en lugar de 150. Al verterla en la cazuela, añada también 200 g de patatas tiernas. Aparte de estas diferencias, esta receta se prepara igual que la anterior.

cerdo con chile y albahaca

4 raciones

tiempo de preparación
10 minutos

tiempo de cocción **8-10 minutos**

2 cucharadas de **aceite vegetal**

1 **diente de ajo** majado

2 **chiles rojos** picados
o troceados al gusto

125 g de **carne magra de cerdo**
cortada en tiras

½ cucharadita de **pimienta
negra**

1 cucharada de **salsa
de pescado tailandesa
(nam pla)**

½ cucharadita de **azúcar**

50 g de **brotes de bambú** en
conserva escurridos (opcional)

2 cucharadas de **cebolla** picada

½ **pimiento rojo** sin semillas
y cortado en rodajas finas

4 cucharadas de **caldo de pollo**
o **de verduras**

2 puñados de **hojas de
albahaca** (y unas cuantas
para decorar)

3-4 **chiles rojos** grandes,
cortados en rodajas y sin
semillas para decorar

Caliente el aceite en un wok a fuego fuerte. Añada el ajo
y los chiles al wok y saltéelos hasta que el ajo se dore. Agregue
la carne, la pimienta, la salsa de pescado y el azúcar; remueva
constantemente.

Incorpore, si los usa, los brotes de bambú junto con la cebolla,
el pimiento rojo y el caldo. Déjelo cocer todo durante 5 minutos.
Añada después las hojas de albahaca y déjelo cocer durante
1 minuto más.

Decore el plato con unas hojas de albahaca y unas rodajas
grandes de chile rojo. Sírvalo inmediatamente. Si lo desea,
puede acompañar la receta con arroz.

Para preparar filete con chile y albahaca, sustituya
el cerdo por 125 g de filete de cadera y déjelo marinar
en una cucharada de pasta de curry rojo (envasada
o casera; *véase* pág. 80) durante 30 minutos. Después
siga los mismos pasos que en la receta anterior.

cerdo con judías negras y chile

4 raciones

tiempo de preparación
15 minutos, más tiempo
de marinado
tiempo de cocción **12 minutos**

1 cucharadita de **harina de maíz**
2 cucharadas de **vino de arroz chino** o **jerez seco**
1 cucharadita de **azúcar**
½ cucharadita de **sal**
2 cucharadas de **salsa de judías negras**
500 g de **carne magra de cerdo** desgrasada y cortada en tiras largas
3 cucharadas de **aceite de cacahuete**
1 **cebolla roja** pequeña cortada en rodajas
1 **pimiento rojo** sin semillas y cortado en rodajas
1 trozo de 1,5 cm de **raíz de jengibre fresco** cortada en tiras finas
2 **dientes de ajo** picados
2 cucharadas de **agua**
4 **cebollas tiernas** cortadas en rodajas finas
2 **chiles rojos** sin semillas y cortados en rodajas finas
2 cucharaditas de **aceite de sésamo**

Ponga la harina de maíz, el vino de arroz, el azúcar, la sal y la salsa de judías negras en un cuenco grande y mézclelo todo bien hasta obtener una pasta fina. Añada el cerdo en el cuenco y remuévalo bien hasta que quede impregnado. Resérvelo aparte durante 10 minutos.

Caliente 1 cucharada de aceite de cacahuete en un wok a fuego fuerte hasta que el aceite empiece a burbujear. Añada la mitad del cerdo y saltéelo durante 2-3 minutos hasta que esté dorado. Retírelo del wok con una espumadera y resérvelo aparte. Caliente otra cucharada de aceite y saltee el resto del cerdo de la misma forma.

Limpie bien el wok con un trozo de papel de cocina y caliente el resto del aceite a fuego fuerte. Añada la cebolla, el pimiento rojo, el jengibre y el ajo y saltéelo todo durante 2 minutos. Vuelva a colocar la carne en el wok y vierta el agua. Saltéelo durante otro minuto.

Incluya las cebollas tiernas, los chiles y el aceite de sésamo en el wok y déjelo cocer todo durante otros 30 segundos. Sírvalo inmediatamente.

Para preparar rape con setas y salsa de judías negras,
prescinda de la carne de cerdo y en su lugar corte 500 g de rape en trozos. En vez del pimiento rojo, prepare 200 g de setas shiitake. Por el resto, siga los pasos como se indica en la receta.

cerdo con arroz integral

4 raciones
tiempo de preparación
15 minutos
tiempo de cocción **30 minutos**

200 g de **arroz integral de grano largo**

1 cucharada de **aceite de girasol**

400 g de **carne magra de cerdo** cortada en rodajas finas cortadas por la mitad

2 **dientes de ajo** picados

300 g de **verduras** para saltear, como tiras de pimiento, brotes de soja, cogollos de brécol, puerros en rodajas o bastones de zanahoria

350 ml de **zumo licuado de manzana**

2 cucharaditas de **puré de tomate**

1 cucharadita de **polvo de cinco especias chinas**

Llene una cazuela de agua y llévela a ebullición. Añada el arroz integral y déjelo cocer a fuego lento durante 30 minutos.

Justo antes de que el arroz esté listo, caliente el aceite en un wok a fuego fuerte hasta que el aceite empiece a burbujear. Añada la carne y el ajo y fríalo todo, sin parar de remover, a fuego fuerte durante 3 minutos. Incorpore las verduras y saltéelas durante 3 minutos.

Mezcle el zumo de manzana con el puré de tomate y el polvo de cinco especias chinas y vierta la mezcla en el wok. Déjelo cocer durante 1 minuto.

Escurra el arroz y colóquelo en cuencos. Cúbralo con el salteado de cerdo.

Para preparar arroz integral con gambas, cebolla roja y pimientos, sustituya la carne de cerdo por 250 g de camarones reales y saltéelos con el ajo durante 1 minuto. Añada 1 pimiento rojo y 1 pimiento verde troceados y 1 cebolla roja cortada en rodajas. Siga los pasos como se indica en la receta.

barquillos de cerdo, chile y cacahuetes

4 raciones

tiempo de preparación
5 minutos

tiempo de cocción **10 minutos**

1 cucharada de **aceite
de cacahuete**

2 **dientes de ajo** picados

1 **chile seco** grande sin semillas
y picado

200 g de **carne de cerdo** picada

40 g de **judías verdes** cortadas
en trozos de 1 cm

1 cucharada de **salsa
de pescado tailandesa
(nam pla)**

30 g de **cacahuetes tostados**
machacados

1 cucharada de **agua**

2 cucharadas de **salsa de soja
clara**

¼ de cucharadita de **azúcar
extrafino**

8 hojas pequeñas de **cogollo**

salsa de chile dulce
para acompañar

Caliente el aceite en un wok grande a fuego medio hasta que el aceite empiece a burbujear. Añada el ajo y el chile seco y remuévalos bien durante unos segundos. Incorpore la carne picada y saltéela durante 4-5 minutos, hasta que esté dorada.

Añada las judías verdes y déjelas cocer durante 1 minuto. Incluya después la salsa de pescado, los cacahuetes, el agua, la salsa de soja y el azúcar y déjelo cocer todo durante 1 minuto más. Coloque la mezcla sobre las hojas de cogollo y sírvala acompañada de un poco de salsa de chile dulce.

Para preparar fideos con ternera picada y cebolla tierna,

siga el primer paso de la receta sustituyendo la carne de cerdo por 200 g de carne de ternera. En lugar de las judías, añada 4 cebollas tiernas cortadas en rodajas. Coloque la mezcla sobre 200 g de fideos al huevo y finalmente agregue ½ cucharadita de aceite de sésamo y 2 cucharadas más de salsa de soja.

cerdo con tofu y pimienta de Sichuan

4 raciones
tiempo de preparación
  5 minutos
tiempo de cocción **15 minutos**

¼ de cucharadita de **granos de pimienta de Sichuan**
½ cucharadita de **sal marina** gruesa
250 g de **tofu** sólido
aceite vegetal para freír
2 cucharadas de **aceite de cacahuete**
3 **dientes de ajo** picados
1 cucharada de **raíz de jengibre fresco** picada
300 g de **carne de cerdo** picada
4 cucharadas de **vino de arroz chino** o **jerez seco**
1 cucharada de **azúcar extrafino**
1 cucharada de **salsa de ostras**
2 cucharadas de **salsa de soja clara**
1 cucharadita de **aceite de sésamo**
1 cucharadita de **vinagre de malta**
½ cucharadita de **aceite de chile**
4 cucharadas de **caldo de pollo** o **agua**
3 **puerros** pequeños preparados, lavados y troceados en diagonal
1 **chile rojo** sin semillas y cortado en rodajas para decorar

Coloque los granos de pimienta de Sichuan en un wok seco a fuego medio y remueva constantemente hasta que empiecen a saltar y a desprender su aroma. Dispóngalos en un mortero y macháquelos junto con la sal. Reserve la mezcla aparte.

Escurra el tofu y pásele un trozo de papel de cocina antes de cortarlo en 20 cubos del mismo tamaño. Vierta suficiente aceite en el wok para freír el tofu. Caliéntelo a 190 °C o hasta que un trozo de pan se dore en el aceite en 20 segundos. Añada la mitad del tofu y fríalo hasta que esté hinchado y dorado. Retírelo del wok con una espumadera y déjelo escurrir sobre papel de cocina. Saltee el tofu restante de la misma forma y resérvelo. Vacíe todo el aceite del wok y límpielo con papel de cocina.

Caliente el aceite de cacahuete a fuego fuerte hasta que el aceite empiece a burbujear. Añada el ajo y el jengibre y remuévalos hasta que estén dorados. Incorpore después la carne y saltéela hasta que se vuelva opaca pero sin que llegue a dorarse. Agregue la mezcla de sal y pimienta, el vino de arroz, el azúcar, la salsa de ostras y la salsa de soja, el aceite de sésamo, el vinagre de malta, el aceite de chile, el caldo y los puerros. Corte el tofu en rodajas procurando que queden separadas. Reduzca el fuego y déjelo cocer todo a fuego lento durante 3 minutos. Sirva la receta decorada con unas rodajas de chile.

Para preparar cerdo con especias, lechuga y fideos, siga las instrucciones de la receta anterior, sustituyendo el tofu por 250 g de fideos al huevo cocidos. Complemente el plato con 2 tomates cuarteados, 4 cebollas tiernas cortadas en rodajas y un puñado de hojas de lechuga iceberg troceadas y sírvalo.

cerdo con col china y chile

tiempo de preparación
5 minutos
tiempo de cocción **8 minutos**

2 cucharadas de **aceite
de cacahuete**
2 **dientes de ajo** picados
1 cucharada de **raíz de jengibre
fresco** picada
300 g de **carne de cerdo** picada
200 g de **hojas de col china**
troceadas
3 cucharadas de **vino de arroz
chino** o **jerez seco**
2 cucharadas de **salsa de ostras**
1 cucharadita de **azúcar
extrafino**
1 cucharadita de **aceite
de sésamo**
1 **chile rojo** sin semillas
y cortado en rodajas
para decorar

Caliente el aceite en un wok a fuego fuerte hasta que
el aceite empiece a burbujear. Añada el jengibre y remuévalo
bien durante unos segundos. Agregue la carne y saltéela
durante 2-3 minutos, hasta que se vuelva opaca pero
sin que llegue a dorarse.

Añada las hojas de col y déjelas cocer durante 1 minuto.
Incorpore después el vino de arroz, la salsa de ostras
y el azúcar y saltéelo durante 2 minutos, hasta que
las hojas de col estén tiernas. Añada el aceite de sésamo
y déjelo cocer durante 30 segundos. Sirva el plato decorado
con unas rodajas de chile.

Para preparar una sopa de cerdo con col china,
fría el ajo y el jengibre como se indica en la receta.
Vierta después el vino de arroz, el azúcar y 2 cucharadas
de salsa de soja clara y déjelo cocer todo a fuego lento
durante 1 minuto. Añada 1 l de caldo de pollo y llévelo
a ebullición y a continuación agregue la carne, las hojas
de col y el chile. Déjelo cocer todo a fuego lento durante
10 minutos y sirva el plato decorado con unos aros
de cebolla tierna.

cerdo con jengibre, cilantro y soja

4 raciones
tiempo de preparación
15 minutos
tiempo de cocción **10 minutos**

1 cucharada de **semillas de cilantro**
2 cucharadas de **raíz de jengibre fresco** picada
2 **dientes de ajo** picados
2 **chiles verdes** sin semillas y picados
½ **cebolla** pequeña cortada en rodajas
1 cucharada de **miel líquida**
2 cucharadas de **salsa de soja oscura**
½ cucharadita de **sal**
500 g de **carne magra de cerdo** cortada en dados de 1,5 cm
4 cucharadas de **aceite vegetal**
1 **zanahoria** grande cortada en rodajas finas
6 **cebollas tiernas** cortadas a lo largo en trozos de 1,5 cm
el zumo de 1 **lima**

Coloque las semillas de cilantro en un wok a fuego medio y remuévalas bien durante 30 segundos o hasta que empiecen a desprender su aroma. Retírelas del wok y macháquelas en un mortero.

Coloque el cilantro molido en un cuenco grande junto con el jengibre, el ajo, los chiles, la cebolla, la miel, la salsa de soja, la sal y la carne y mézclelo todo bien. Tape el cuenco y deje marinar la mezcla durante 2 horas o toda la noche en el refrigerador. Escurra la carne y reserve la marinada. Seque la carne con papel de cocina.

Caliente la mitad del aceite en un wok a fuego fuerte hasta que empiece a burbujear. Añada la mitad de la carne y saltéela durante 2-3 minutos, hasta que esté dorada, y colóquela en un plato. Limpie el wok con papel de cocina y vuelva a colocarlo sobre el fuego. Caliente el resto del aceite y saltee el resto de la carne siguiendo los mismos pasos.

Vuelva a colocar la carne en el wok y añada la zanahoria y la mitad de las cebollas tiernas. Saltéelo todo durante 1 minuto y agregue la marinada y remueva bien la mezcla hasta que el líquido rompa a hervir e impregne bien la carne. Exprima la lima sobre la mezcla. Incorpore el resto de la cebolla tierna y, si lo desea, sirva la receta acompañada de fideos.

Para preparar gambas con calabacín, jengibre y cilantro, sustituya la carne de cerdo por 250 g de camarones reales crudos y pelados y la zanahoria por 1 calabacín grande cortado en rodajas. Siga los pasos de la receta anterior y decore el plato con un puñado de hojas de cilantro picadas.

cerdo con miel y jengibre

4 raciones

tiempo de preparación
10 minutos, más tiempo
de marinado

tiempo de cocción **10 minutos**

500 g de **carne magra de cerdo**
cortada en tiras finas

1 cucharadita de **harina de maíz**

2 cucharaditas de **raíz de
jengibre fresco** picada

2 cucharadas de **salsa de soja
oscura**

2 cucharadas de **miel**

2 cucharadas de **vino de arroz
chino** o **jerez seco**

2 cucharaditas de **polvo de
cinco especias chinas**

1 cucharadita de **aceite
de sésamo**

3 cucharadas de **aceite
de cacahuete**

1 **pimiento verde** sin semillas
y cortado en dados

3 **cebollas tiernas** cortadas
a lo largo en trozos de 5 cm

1 cucharada de **vinagre
de malta**

1 cucharada de **salsa de soja
clara**

2 cucharadas de **agua**

sal y **pimienta blanca**

el zumo de 1 **lima**

Ponga la carne en un cuenco y esparza la harina de maíz
por encima. Añada el jengibre, la salsa de soja oscura, la
miel, el vino de arroz, el polvo de cinco especias y el aceite
de sésamo. Cubra el cuenco y deje marinar la mezcla durante
30 minutos o durante toda la noche en el frigorífico.

Caliente la mitad del aceite de cacahuete en un wok a fuego
fuerte hasta que empiece a burbujear. Deje escurrir la carne
y añada la mitad al wok. Saltéela durante 2 minutos y retírela
del wok con una espumadera. Limpie bien el wok con papel de
cocina. Caliente el resto del aceite y saltee el resto de la carne
de la misma forma.

Vuelva a colocar la carne en el wok y añada el pimiento,
las cebollas tiernas, el vinagre, la salsa de soja clara y el
agua y saltéelo todo durante 3 minutos, hasta que la carne
adquiera color y los pimientos se hayan reblandecido un poco.
Añada sal y pimienta blanca recién molida al gusto y exprima
la lima sobre la mezcla. Si lo desea, acompañe la receta
con un poco de arroz y unos trozos de lima.

Para preparar mejillones con miel y jengibre, prescinda
de la carne de cerdo y de la harina de maíz y en su lugar use
1 kg de mejillones vivos limpios. Caliente 1 cucharada de
aceite de cacahuete en un wok. Añada el jengibre y saltéelo
durante unos segundos. A continuación incorpore la salsa
de soja oscura, la miel, el vino de arroz y el aceite de sésamo.
Llévelo todo a ebullición y añada los mejillones (elimine los
que no se cierren al golpearlos) y déjelos cocer a fuego lento,
tapados, durante 2-3 minutos, hasta que se abran. (Deseche
los que no se hayan abierto). Incluya las cebollas tiernas,
la salsa de soja clara y el zumo de lima y sirva el plato.

curry rojo tailandés de cerdo y judías

4 raciones

tiempo de preparación
10 minutos

tiempo de cocción **5 minutos**

2 cucharadas de **aceite
de cacahuete**

1 ½ cucharadas de **pasta
de curry rojo** (envasado
o casero; *véase* pág. 80)

375 g de **carne magra de cerdo**
cortada en tiras finas

100 g de **judías verdes**, sin
rabillo y cortadas por la mitad

2 cucharadas de **salsa
de pescado tailandesa
(nam pla)**

1 cucharadita de **azúcar
extrafino**

cebollino chino o **cebollino
común** para decorar

Caliente el aceite en un wok a fuego medio hasta que
empiece a burbujear. Añada la pasta de curry y cuézala,
mientras remueve, hasta que libere su aroma.

Añada la carne y las judías verdes y saltéelas durante
2-3 minutos, hasta que la carne esté cocida y las judías tiernas.

Incorpore la salsa de pescado y el azúcar y sirva el plato
decorado con cebollino chino o cebollino normal.

Para preparar curry verde de pollo con guisantes dulces,

siga los pasos anteriores, pero sustituyendo la pasta de curry
rojo por 1 ½ cucharadas de pasta de curry verde, la carne
de cerdo por 375 g de pechuga de pollo cortada en tiras
y las judías verdes por 100 g de guisantes dulces troceados.
Añada un chorrito de zumo de lima antes de servir.

cerdo con brécol y setas

4 raciones

tiempo de preparación
10 minutos

tiempo de cocción **10 minutos**

1 cucharada de **semillas de sésamo**

3 cucharadas de **aceite de cacahuete**

400 g de **carne magra de cerdo** cortada en finas tiras

250 g de cogollos de **brécol** pequeños

150 g de **setas shiitake** preparadas y si son grandes, cortadas por la mitad

3 **puerros** pequeños preparados, lavados y cortados en rodajas

3 cucharadas de **vino de arroz chino** o **jerez seco**

3 cucharadas de **salsa de ostras**

2 cucharadas de **vinagre de malta**

1 cucharadita de **azúcar extrafino**

1 cucharadita de **miel líquida**

1 ½ cucharaditas de **aceite de sésamo**

1 **chile rojo** cortado en rodajas

Fría las semillas de sésamo en un wok seco a fuego medio, removiéndolas hasta que estén doradas. Resérvelas aparte.

Caliente la mitad del aceite en un wok a fuego fuerte hasta que empiece a burbujear. Añada la mitad de la carne y saltéela durante 2 minutos, hasta que esté dorada. Retire la carne del wok con una espumadera y resérvela. Caliente el aceite restante y saltee el resto de la carne siguiendo los mismos pasos. Incorpore la otra mitad de la carne al wok.

Añada el brécol, las setas y los puerros y saltéelo todo durante 2 minutos. Agregue el vino de arroz, la salsa de ostras, el vinagre de malta, el azúcar y la miel y déjelo cocer todo durante 1 minuto más. Retire el wok del fuego y añada las semillas de sésamo tostadas, el aceite de sésamo y el chile y sirva el plato.

Para preparar arroz con cebollas tiernas para acompañar, caliente 1 cucharada de aceite de cacahuete en un wok a fuego fuerte. Añada 4 cebollas tiernas cortadas en rodajas y saltéelas durante unos segundos. A continuación, incorpore 250 g de arroz hervido frío. Remuévalo bien hasta que esté caliente y después añada ½ cucharadita de aceite de sésamo y 1 cucharada de salsa de soja. Remuévalo bien y sirva el plato.

costillas de cerdo
a las cinco especias chinas

4 raciones

tiempo de preparación
5 minutos, más tiempo
de marinado

tiempo de cocción **50 minutos**

2 **dientes de ajo** picados

2 cucharaditas de **raíz
de jengibre fresco** picada

2 cucharadas de **vino de
arroz chino** o **jerez seco**

3 cucharadas de **salsa de soja
clara**

½ cucharadita de **sal**

½ cucharadita de **polvo de cinco
especias chinas**

1 cucharada de **azúcar moreno**

1 kg de **costillas de cerdo**
separadas y cortadas en trozos
de 7 cm con una cuchilla

2 cucharadas de **aceite
de cacahuete**

100 ml de **agua**

1 **cebolla tierna** cortada
en rodajas para decorar

Coloque el ajo, el jengibre, el vino de arroz, la salsa de soja,
la sal, el polvo de cinco especias chinas y el azúcar en un
cuenco y mézclelo todo hasta que se forme una pasta. Añada
las costillas y mézclelas bien con la marinada con la mano
hasta que queden bien impregnadas. Cubra el cuenco y
deje marinar las costillas durante 1 hora o toda una noche
en el frigorífico.

Caliente el aceite de cacahuete en un wok a fuego fuerte
hasta que empiece a burbujear. Añada las costillas y saltéelas
durante 4-5 minutos, hasta que estén doradas. Añada
el agua, tape el wok y déjelas cocer a fuego lento durante
40-45 minutos, hasta que queden deliciosamente doradas
y tiernas. Sírvalas decoradas con unos aros de cebolla tierna.

Para preparar costillas con salsa hoisin y chile,

prescinda del polvo de cinco especias chinas al preparar
la marinada y en su lugar añada 3 cucharadas de salsa
hoisin y 1 cucharadita de chile picante en polvo. Deje marinar
las costillas y cocínelas como se indica en la receta.

aves y huevos

pollo con pimientos y anacardos

4 raciones

tiempo de preparación
10 minutos

tiempo de cocción **15 minutos**

2 cucharadas de **aceite
  de cacahuete**
625 g de **pechugas de pollo**
  deshuesadas, sin piel, y
  cortadas en trozos de 2,5 cm
50 g de **anacardos**
2 **pimientos rojos** sin semillas
  y troceados
2 **dientes de ajo** picados
6 **cebollas tiernas** cortadas
  por la mitad a lo largo
sal

para la s**alsa**
1 cucharada de **vino de arroz
  chino** o **jerez seco**
1 cucharadita de **aceite
  de sésamo**
2 cucharadas de **salsa de soja
  clara**
½ cucharadita de **harina
  de maíz**
4 cucharadas de **agua**

Mezcle todos los ingredientes de la salsa y reserve la mezcla.

Caliente 1 cucharada de aceite de cacahuete en un wok
a fuego fuerte hasta que empiece a burbujear. Sazone
el pollo y introduzca la mitad de la carne en el wok. Saltéelo
durante 2-3 minutos hasta que esté dorado, retírelo del wok
con una espumadera y resérvelo. Caliente el aceite restante
y saltee la otra mitad del pollo de la misma forma. Retírelo
del wok y resérvelo.

Incorpore los anacardos y los pimientos rojos al wok y
saltéelos durante 1 minuto. Añada a continuación el ajo
y las cebollas tiernas y déjelos cocer, removiendo al mismo
tiempo, durante 1 minuto. Vuelva a colocar el pollo en el wok
y añada la salsa. Déjelo cocer todo durante 3-4 minutos,
hasta que el pollo esté bien cocido y el pimiento tierno.

Para preparar pollo con anacardos, pimientos
y castañas de agua, en el tercer paso de la receta, añada
8 castañas de agua partidas por la mitad al wok junto
con los pimientos. Al cabo de 1 minuto, añada el ajo
y las cebollas tiernas y déjelo cocer todo durante 1 minuto.
Vuelva a colocar el pollo en el wok y añada la salsa.
Finalmente agregue 75 g de brotes de soja 1 minuto
antes de que la receta esté lista.

pollo al limón bajo en grasa

4 raciones

tiempo de preparación
  12 minutos, más tiempo
  de marinado
tiempo de cocción **8 minutos**

1 **huevo** ligeramente batido
2 **dientes de ajo** laminados
2 trozos pequeños de **cáscara
  de limón**
el zumo de 1 **limón**
500 g de **pechuga de pollo**
  deshuesada y sin piel cortada
  en trozos de 5 mm
2 cucharadas de **harina de maíz**
1 cucharada de **aceite de colza**
  o **aceite de oliva**
1 **cebolla tierna** cortada en
  diagonal en trozos de 1,5 cm
unas **rodajas de limón**
  para decorar

Mezcle el huevo, el ajo y la cáscara de limón en un plato llano, añada el pollo y déjelo marinar durante 10-15 minutos.

Retire la cáscara de limón y agregue la harina de maíz al pollo marinado. Mézclelo bien para distribuir uniformemente la harina entre los trozos de pollo.

Caliente el aceite en un wok a fuego fuerte hasta que empiece a burbujear. Añada los trozos de pollo. Asegúrese de que deja un poco de espacio entre los trozos. Fríalos durante 2 minutos por cada lado.

Reduzca un poco el fuego y saltee el pollo durante 1 minuto más o hasta que esté dorado y cocido. Vuelva a subir el fuego y vierta el zumo de limón. Añada la cebolla tierna y decore la receta con unas rebanadas de limón. Sírvalo inmediatamente.

Para preparar una ensalada templada de pollo al limón con hierbas aromáticas, cocine el pollo como se indica en la receta y después colóquelo en un cuenco con ½ pepino cortado en rodajas, un puñado de hojas de cilantro y 50 g de roqueta. Aliñe la ensalada con ½ cucharadita de aceite de sésamo y 1 cucharadita de aceite de colza o de oliva.

curry de pollo con berenjenas

4 raciones

tiempo de preparación
25 minutos

tiempo de cocción **25 minutos**

3 cucharadas de **aceite vegetal**
2 cucharadas de **pasta de curry rojo tailandés** (envasada o casera; *véase* más abajo)
300 g de **pechuga de pollo** deshuesada, sin piel y cortada en tiras
4 cucharadas de **salsa de pescado tailandesa (nam pla)**
3 **hojas de lima kaffir**
600 ml de **agua**
3 **berenjenas verdes** pequeñas cuarteadas
125 g de **brotes de bambú** en conserva escurridos
2 **chiles verdes** sin semillas y cortados en rodajas (más unas rodajas para decorar)
1 puñado de **hojas de albahaca dulce tailandesa** para decorar

Caliente el aceite en un wok a fuego moderado. Añada la pasta de curry y saltéela durante 1 minuto. Agregue el pollo, la salsa de pescado y las hojas de lima y saltéelo todo durante 5 minutos.

Añada el agua y llévela a ebullición. Reduzca el fuego e incorpore las berenjenas y los brotes de bambú. Remueva bien la mezcla y déjela cocer a fuego lento durante 10 minutos, remueva de vez en cuando.

Incorpore los chiles verdes al curry. Decore el plato con unas hojas de albahaca y unas rodajas de chile y, si lo desea, acompáñelo con arroz.

Para preparar pasta de curry rojo tailandés casera,
mezcle los siguientes ingredientes en una picadora o una trituradora: 6 chiles rojos secos sin semillas, puestos en remojo y picados; 2 cucharadas de citronela picada; 1 cucharada de chalota picada y 1 cucharada de ajo picado; 1 cucharadita de raíz o tallo de cilantro picado; 1 cucharadita de galanga picada; 1 cucharadita de semillas de comino; 6 granos de pimienta blanca. Tritúrelos bien hasta obtener una pasta densa. Si le sobra pasta después de preparar la receta, puede conservarla en el frigorífico en un recipiente hermético durante 3 semanas.

curry tailandés de pollo y verduras

4 raciones
tiempo de preparación
10 minutos
tiempo de cocción **20 minutos**

2 cucharadas de **aceite
de cacahuete**
2 cucharadas de **pasta de curry
verde tailandés** (envasada
o casera; *véase* pág. 112)
625 g de **pechuga de pollo**
deshuesada, sin piel y troceada
400 ml de **leche de coco**
1 cucharada de **azúcar moreno**
2 **tallos de citronela** (aplaste
los extremos más gruesos
con un rodillo)
1 trozo de 2,5 cm de **raíz
de jengibre fresco** cortado
en láminas
1 ½ cucharadas de **salsa
de pescado tailandesa
(nam pla)**
la ralladura de 1 **lima**
75 g de **tirabeques** cortados
en diagonal
125 g de **mazorquitas de maíz
dulce** cortadas por la mitad
a lo largo
1 puñadito de **hojas de cilantro**
(y unas cuantas para decorar)
el zumo de 1 **lima**

Caliente el aceite en un wok a fuego moderado. Añada
a pasta de curry verde y saltéela durante aproximadamente
1 minuto. Agregue los trozos de pollo y, cuando estén bien
impregnados de la pasta, añada la leche de coco, el azúcar,
la citronela y el jengibre. Incorpore a continuación la salsa
de pescado y la ralladura de lima y llévelo todo a ebullición.
Reduzca el fuego y déjelo cocer a fuego lento durante
10 minutos, hasta que espese un poco.

Añada los tirabeques y las mazorquitas y déjelo cocer
todo durante otros 5 minutos, hasta que estén tiernos.
Retire el wok del fuego. Retire el jengibre y la citronela
del curry y deséchelos.

Incorpore el cilantro y el zumo de lima. Deje que el curry
se enfríe un poco antes de servirlo decorado con unas cuantas
hojas de cilantro enteras. Si lo desea, sírvalo acompañado
de arroz.

Para preparar un curry verde de verduras, siga las
instrucciones del primer paso de la receta, pero prescinda
del pollo. Aumente la cantidad de tirabeques a 200 g
y añada también 200 g de champiñones pequeños
sin tallo y cortados por la mitad y 75 g de guisantes.
Déjelo cocer todo a fuego lento durante 3 minutos
y después añada 125 g de brotes de soja. Déjelo cocer
otros 2 minutos. Retire el jengibre y la citronela y añada
el cilantro y el zumo de lima y decore el plato como
en la receta.

pollo kung po

4 raciones

tiempo de preparación
12 minutos

tiempo de cocción **7 minutos**

2 cucharadas de **aceite
de cacahuete**

2-3 **chiles rojos** sin semillas
y cortados en rodajas

2 **dientes de ajo** picados

400 g de **pechuga de pollo**
deshuesada, sin piel y cortada
en dados de 1 cm

1 cucharadita de **salsa picante
asiática**

50 g de **brotes de bambú**
en conserva escurridos

50 g de **castañas de agua**
en conserva escurridas

1 cucharada de **vino de arroz
chino** o **jerez seco**

100 ml de **caldo de pollo**
o **agua**

1 cucharadita de **harina de maíz**
mezclada con 1 cucharada
de **agua**

50 g de **cacahuetes tostados
sin sal**

2 **cebollas tiernas** cortadas
a lo largo en trozos de 1 cm

Caliente el aceite en un wok a fuego fuerte hasta que empiece a burbujear. Añada los chiles y el ajo y saltéelos durante unos segundos.

Agregue la salsa picante y el pollo y saltéelo durante un par de minutos. A continuación, añada los brotes de bambú, las castañas de agua, el vino de arroz y el caldo y llévelo todo a ebullición. Incorpore poco a poco la pasta de harina de maíz, mientras remueve, hasta que la salsa se haya vuelto espesa y transparente.

Incorpore los cacahuetes y las cebollas tiernas al plato junto antes de servir.

Para preparar arroz con coco para acompañar la receta, ponga 200 g de arroz tailandés jazmín o de arroz de grano largo (lavado) en una cazuela y añada 50 ml de leche de coco. Llene la cazuela de agua hasta una altura de 2,5 cm por encima del arroz. Llévelo a ebullición. Después reduzca el fuego y déjelo cocer a fuego lento. Tape la cazuela con una tapa ajustada y deje cocer el arroz durante 10 minutos. Apague el fuego y deje que el arroz se cueza en el agua durante 10 minutos más antes de servirlo.

pollo con puerros y espárragos

4 raciones
tiempo de preparación
   10 minutos
tiempo de cocción **12 minutos**

1 cucharadita de **harina de maíz**
1 cucharadita de **salsa de soja
   oscura**
2 cucharadas de **agua**
1 cucharada de **azúcar extrafino**
1 cucharada de **vinagre
   de malta**
3 cucharadas de **aceite
   de cacahuete**
625 g de **pechuga de pollo**
   deshuesada, sin piel y cortada
   en finas tiras
1 cucharada de **raíz de jengibre
   fresco** picada
1 buena pizca de **chile en polvo**
1 **puerro** cortado en rodajas
300 g de **espárragos trigueros**
   cortados por la mitad a lo largo
   y a lo ancho
sal y **pimienta blanca**

Mezcle la harina de maíz con la salsa de soja hasta obtener una pasta fina. Añada después el agua, el azúcar y el vinagre de malta. Reserve la mezcla.

Caliente la mitad del aceite en un wok a fuego fuerte hasta que empiece a burbujear. Añada las tiras de pollo y salpimiéntelas. Saltéelas durante 3-4 minutos, hasta que estén doradas, y después retírelas del wok con una espumadera y resérvelas.

Vuelva a colocar el wok sobre el fuego y vierta el aceite restante. Añada el jengibre, el chile y el puerro y saltéelo todo a fuego medio durante 3-4 minutos, hasta que el puerro haya empezado a reblandecerse. Incorpore los espárragos y déjelos cocer durante 1 minuto.

Vuelva a poner el pollo en el wok y déjelo cocer durante 1 minuto. A continuación, vierta la mezcla de harina de maíz y déjelo cocer todo, mientras remueve, hasta obtener una salsa espesa y aterciopelada. Si lo desea, sirva el plato acompañado de arroz.

Para preparar ternera con puerros y zanahorias, sustituya el pollo por 625 g de ternera cortada en tiras finas y saltéelas siguiendo los pasos de la receta. Sustituya también los espárragos por una zanahoria grande cortada en rodajas y saltéela junto con el jengibre, el chile y el puerro. Finalmente añada la ternera y la mezcla de harina de maíz igual que en la receta.

pollo con pasta de chile quemado

4 raciones
tiempo de preparación **7 minutos**
tiempo de cocción **8 minutos**

3 cucharadas de **aceite de cacahuete** o **aceite vegetal**
3-4 **chiles rojos** secos picados
2 **dientes de ajo** cortados en finas láminas
375 g de **pechuga de pollo** deshuesada, sin piel y cortada en dados
2 cucharadas de **salsa de pescado tailandesa (nam pla)**
2 cucharadas de **agua**
2 cucharaditas de **azúcar**
2 **chiles rojos** cortados en rodajas
10 hojas de **albahaca tailandesa** (y unas ramitas para decorar)
4 **hojas de lima kaffir** troceadas
125 g de **anacardos tostados**

para la **pasta de chile quemado**
3 cucharadas de **aceite de cacahuete**
1 **cebolla roja** picada
6-8 **chiles rojos secos** grandes picados
6 **dientes de ajo** picados
2 cucharadas de **salsa de pescado**
1 cucharada de **agua de tamarindo**
2 cucharadas de **azúcar moreno**

Prepare primero la pasta de chile quemado. Caliente el aceite, añada la cebolla y fríala hasta que se reblandezca. Retírela del wok con una espumadera y resérvela. Añada los chiles y fríalos hasta que se ennegrezcan, retírelos del wok y resérvelos. Añada el ajo y fríalo hasta que esté dorado y retírelo del wok.

Machaque la mitad de los chiles fritos en un mortero. Añada la cebolla y el ajo y píquelo todo hasta obtener una pasta gruesa. Vierta la mezcla en el wok con el aceite que haya quedado dentro y añada la salsa de pescado, el agua de tamarindo y el azúcar. Caliéntelo bien durante 2-3 minutos, sin parar de remover, y retire el wok del fuego.

Caliente el aceite en un wok a fuego fuerte hasta que empiece a burbujear. Fría los chiles secos hasta que se ennegrezcan y retírelos del wok con una espumadera. Resérvelos. Añada los ajos laminados al wok y saltéelos hasta que empiecen a dorarse.

Añada el pollo y fríalo rápidamente por todos los lados. Esparza los chiles fritos por encima del pollo y agregue la pasta de chile quemado, la salsa de pescado, el agua, el azúcar y uno de los chiles cortados en rodajas. Saltéelo todo a fuego fuerte.

Agregue las hojas de albahaca, las hojas de lima kaffir y los anacardos y saltéelo todo durante 1 minuto más. Decore con el chile rojo restante, cortado a rodajas, y con la albahaca.

Para preparar fideos con ternera, espárragos y pasta de chile quemado, sustituya el pollo por 300 g de tiras magras de ternera y 200 g de yemas de espárragos trigueros cortadas por la mitad a lo largo. Siga los pasos de la receta. Al añadir las hierbas aromáticas y los anacardos, añada también 150 g de fideos al huevo cocidos.

pollo al estilo cantonés al limón

4 raciones

tiempo de preparación
5 minutos, más tiempo
de marinado

tiempo de cocción **15 minutos**

1 **huevo**

½ cucharadita de **sal**

3 cucharadas de **harina de maíz**

5 cucharadas de **vino de arroz
chino** o **jerez seco**

625 g de **pechuga de pollo**
deshuesada, sin piel y cortada
en trozos de 5 cm

aceite de cacahuete para freír

100 ml de **caldo de pollo**

el zumo de 1 **limón**

1 cucharada de **azúcar extrafino**

2 **dientes de ajo** picados

1 cucharadita de **aceite
de sésamo**

para la **decoración**

1 **limón** cortado en rodajas

1 **cebolla tierna** cortada
en rodajas

Mezcle el huevo, la sal, 2 cucharadas de harina de maíz y
2 cucharadas de vino de arroz en un cuenco. Añada el pollo
y déjelo marinar durante 30 minutos.

Vierta suficiente aceite en el wok para freír el pollo y caliéntelo
a 190 °C o hasta que un trozo de pan se dore en el aceite en
20 segundos. Escurra el pollo y vierta con cuidado la mitad
en el aceite. Fríalo durante 2 minutos, hasta que esté dorado
y crujiente, y retírelo del wok con una espumadera. Déjelo
escurrir sobre papel de cocina. Fría el resto del pollo siguiendo
el mismo procedimiento.

Vierta el caldo de pollo en un wok a fuego fuerte. Añádale
el zumo de limón, el azúcar y el ajo, el resto de harina
de maíz y el vino de arroz. Llévelo a ebullición y después
añada el pollo frito. Déjelo cocer, mientras remueve,
durante 1-2 minutos, hasta que la carne presente un brillo
aterciopelado. A continuación añada el aceite de sésamo
y déjelo cocer durante otro minuto. Decore la receta
con unas rodajas de limón y unos aros de cebolla tierna.

Para preparar pollo con guisantes dulces y salsa de limón,
prescinda de la marinada. Sazone el pollo y saltéelo en dos
tandas en aceite de cacahuete durante 3 minutos. Vuelva
a poner todo el pollo en el wok, añada 150 g de guisantes
dulces cortados por la mitad y saltéelo todo durante 1 minuto.
Añada la salsa y déjelo cocer hasta que espese y presente
un aspecto aterciopelado.

salteado de pollo con arándanos

4 raciones

tiempo de preparación
20 minutos

tiempo de cocción **10 minutos**

2 cucharadas de **aceite vegetal** (y un poco más para freír)

2 **chalotas** picadas

1 trozo de **raíz de jengibre fresco** de 2,5 cm cortada en tiras finas

2 **dientes de ajo** majados

4 **pechugas de pollo** de unos 75 g cada una, deshuesadas, sin piel y cortadas en tiras finas

2 cucharadas de **salsa hoisin**

2 cucharadas de **salsa de ostras**

1 cucharada de **salsa de soja clara**

25 g de **arándanos deshidratados**

4 **cebollas tiernas** cortadas en rodajas en diagonal

200 g de **verduras**, por ejemplo brotes de soja, 1 pimiento rojo o verde cortado en rodajas o 1 zanahoria cortada en tiras

1 puñado de **hojas de albahaca**

1 **chile rojo** grande sin semillas y cortado en rodajas finas

Caliente el aceite en un wok a fuego fuerte hasta que empiece a burbujear. Saltee las chalotas, el jengibre y el ajo durante 30 segundos y después añada el pollo y saltéelo todo durante 1 minuto, hasta que el pollo esté dorado.

Añada la salsa hoisin, la salsa de ostras, la salsa de soja y los arándanos deshidratados y saltéelo todo durante otros 2 minutos. Compruebe que el pollo está cocido por todos los lados y después incorpore las cebollas tiernas y los brotes de soja (u otras verduras) y saltéelo todo durante 3-4 minutos.

Caliente 1 cm de aceite en una cazuela pequeña y fría las hojas de albahaca y el chile rojo en dos tandas durante 10-30 segundos, hasta que estén crujientes. Aproveche estas hojas de albahaca y este chile para decorar el salteado.

Para preparar un salteado de pollo con arándanos bajo en grasas, prescinda de la albahaca y el chile fritos y sustituya la salsa hoisin y la salsa de ostras por 2 cucharadas de caldo de pollo mezclado con 2 cucharadas de salsa de soja oscura y 2 cucharadas de vino de arroz chino o jerez seco. Añada ¼ de cucharadita de harina de maíz en el segundo paso de la receta junto con la salsa de soja y los arándanos deshidratados.

huevos con cebolla y salsa de ostras

2 raciones

tiempo de preparación
5 minutos

tiempo de cocción **5 minutos**

4 **huevos** grandes

1 cucharadita de **raíz de jengibre fresco** picada

½ cucharadita de **aceite de sésamo**

4 cucharadas de **aceite de cacahuete**

1 cucharada de **salsa de ostras**

para la **decoración**

2 **cebollas tiernas** cortadas en rodajas

1 **chile rojo** cortado en finas rodajas

Rompa los huevos en un cuenco y añada con cuidado el jengibre y el aceite de sésamo, sin romper las yemas.

Caliente la mitad del aceite de cacahuete en un wok a fuego fuerte hasta que empiece a burbujear. Vierta la mitad de la mezcla de huevo y déjela cocer durante 2 minutos, hasta que la base del huevo esté crujiente y dorada.

Retire el aceite del wok con cuidado y vuelva a colocar el wok sobre el fuego. Cueza el huevo durante otro minuto, hasta que esté realmente crujiente, y sírvalo en un plato cuando las yemas sigan estando líquidas. Repita el proceso con la otra mitad del huevo.

Rocíe los huevos con la salsa de ostras y decórelos con unas rodajas de cebolla tierna y chile.

Para preparar una tortilla al estilo chino, mezcle con delicadeza 6 huevos con el jengibre y el aceite de sésamo, tal y como se indica en la receta. Sazone al gusto y añada 75 g de brotes de soja y dos cebollas tiernas cortadas en rodajas. Cueza los huevos en el aceite durante 2 minutos. Deles la vuelta con una espátula y cuézalos durante otros 2 minutos. Sírvalos decorados con una picada de hojas de cilantro fresco.

pollo con espárragos

4 raciones

tiempo de preparación
20 minutos

tiempo de cocción **15 minutos**

2 cucharadas de **aceite de colza**
o **aceite de oliva**

2 **dientes de ajo** majados

2 cucharadas de **citronela**
picada

2 cucharaditas de **raíz
de jengibre fresco** picada

1 **cebolla** cortada en rodajas

500 g de **pechugas de pollo**
deshuesadas, sin piel
y cortadas en tiras

300 g de **tomates** picados

350 g de **espárragos**, cortados
por la mitad a lo largo y a lo
ancho

1 cucharada de **salsa shoyu**
o **salsa tamari**

½ cucharadita de **pimienta
negra**

1 puñado de **hojas de albahaca
tailandesa** para decorar

Caliente el aceite en un wok a fuego fuerte hasta que empiece
a burbujear. Añada el ajo, la citronela, el jengibre y la cebolla
y saltéelos durante aproximadamente 5 minutos.

Añada el pollo y saltéelo durante 5-7 minutos, hasta que esté
dorado y bien cocido.

Agregue después los tomates, los espárragos, la salsa
shoyu o tamari y la pimienta negra y saltéelo todo durante
2-3 minutos, hasta que se caliente. Decore el plato con unas
hojas de albahaca tailandesa.

Para preparar pollo con citronela, setas y brotes de

soja, sustituya los espárragos por 200 g de champiñones
pequeños sin talo y 75 g de brotes de soja. Incorpórelos
al wok junto con los tomates, la salsa shoyu o tamari
y la pimienta.

pollo ahumado a la mostaza

4 raciones
tiempo de preparación
10 minutos
tiempo de cocción **20 minutos**

1 cucharada de **mostaza
en grano**
1 cucharada de **aceite de oliva
virgen extra**
4 **pechugas de pollo**
de unos 175 g cada una
150 g de **arroz** crudo
75 g de **hojas de té Earl Grey**
sal y **pimienta negra**

para la **salsa verde**
1 puñado de **perejil de hoja
plana**
1 puñado de **hojas de menta**
1 puñado de **hojas de albahaca**
1 cucharadita de **alcaparras**
2 **anchoas** en aceite
1 **diente de ajo** majado
4 cucharadas de **aceite de oliva**
1 cucharada de **vinagre de vino
tinto**

Mezcle bien la mostaza y el aceite de oliva y salpimiéntelos.
Unte las pechugas con esta mezcla y resérvelas.

Prepare el wok para ahumar recubriéndolo de papel
de aluminio. Añada el arroz mezclado con las hojas de té.
Coloque una rejilla circular en el wok y éste, con la tapa,
sobre el fuego a la máxima potencia. Mantenga el wok sobre
el fuego hasta que empiece a salir el humo por la tapa.

Retire la tapa y disponga rápidamente el pollo sobre la rejilla.
Vuelva a tapar el wok y deje cocer las pechugas durante
3 minutos. Después reduzca un poco el fuego y déjelas cocer
otros 10 minutos. Apague el fuego y deje el pollo en el wok
durante otros 5 minutos, mientras prepara la salsa verde.

Triture bien todos los ingredientes de la salsa verde en una
picadora o bien píquelos a mano. Vierta la mezcla en un cuenco
y sazónela al gusto. Sirva el pollo caliente o a temperatura
ambiente acompañado de la salsa verde y, si lo desea, de unas
verduras al vapor, como, por ejemplo, unos cogollitos de brécol.

Para preparar pollo ahumado con hinojo, limón y miel,
unte 4 pechugas de pollo con una mezcla de miel, sal
y pimienta. Prepare el wok para ahumar (*véase* receta)
colocando el contenido de 10 bolsitas de té de hinojo
en lugar del té Earl Grey y añadiendo la cáscara de 2 limones
a la mezcla. Cueza el pollo siguiendo los pasos de la receta.

pato oriental con piña

4 raciones
tiempo de preparación
20 minutos
tiempo de cocción **1 hora
y 10 minutos**

1 **pato** de 2 kg preparado
para el horno
1,2 litros de **agua**
3 cucharadas de **salsa de soja
oscura**
1 **piña** madura
2 cucharadas de **aceite
de sésamo**
2 **chiles verdes** sin semillas
y cortados en rodajas finas
1 **diente de ajo** grande majado
250 g de **castañas de agua**
en conserva, escurridas
y cortadas en láminas
1 manojo de **cebollas tiernas**
cortadas en rodajas
en diagonal

Corte el pato por la mitad a lo largo con una cuchilla y unas
tijeras. Coloque las dos mitades en el wok y vierta el agua.
A continuación añada 1 cucharada de salsa de soja. Tape el wok
y llévelo a ebullición. Reduzca el fuego y deje hervir el líquido
a fuego lento durante 1 hora, hasta que el pato esté cocido.

Prepare la piña mientras se cuece el pato: corte las hojas
de la parte superior y la parte inferior del tallo, así como la
piel, de tal modo que elimine todas las espinas. A continuación
divídala dos mitades a lo largo y quite la parte central más dura.
Corte las mitades en rodajas y resérvelas.

Retire el pato del wok con una espumadera o unas pinzas
y resérvelo. Vierta el caldo del pato en un recipiente y limpie
bien el wok. Cuando el pato esté lo banstante frío como para
manejarlo con las manos, separe toda la carne de los huesos
y trocéela.

Caliente el aceite de sésamo en un wok a fuego fuerte
hasta que el aceite empiece a burbujear. Añada los chiles, el ajo
y la carne y saltéelo todo hasta que esté ligeramente dorado.
A continuación añada las castañas de agua y la piña y déjelo
cocer todo durante 1-2 minutos. Vierta la salsa de soja restante
y el zumo que haya podido quedar de la piña. Esparza las
cebollas tiernas por encima. Déjelo cocer durante 1 minuto
más y sirva el plato inmediatamente.

Para preparar pato a la naranja con especias, corte el
pato por la mitad y colóquelo en un wok con 1 l de agua,
200 ml de salsa de soja oscura, 2 piezas de anís estrellado,
1 vaina de canela, 5 dientes de ajo y la ralladura de 1 naranja.
Siga los pasos de la receta, sustituyendo la piña por una
naranja cortada en rodajas.

curry jungla tailandés de pato

4 raciones
tiempo de preparación
10 minutos
tiempo de cocción **8 minutos**

2 cucharadas de **aceite
de cacahuete**

1 ½ cucharadas de **pasta de
curry rojo tailandés** (envasada
o casera; *véase* pág. 80)

200 g de **pechuga de pato**
cortada en tiras finas

1 ½ cucharadas de **salsa
de pescado tailandesa
(nam pla)**

200 ml de **caldo de pollo**

½ cucharadita de **azúcar
moreno**

75 g de **berenjenas tailandesas**

50 g de **judías verdes** cortadas
a lo largo en trozos de 2,5 cm

4 **mazorquitas de maíz dulce**
cortadas a lo largo en trozos
de 2,5 cm

1 trozo de **galanga** de 2,5 cm
cortado en rodajas

3 **hojas de lima kaffir** troceadas

1 puñado de **albahaca
tailandesa**

2 cucharadas de **pimienta
verde** fresca

Caliente el aceite en un wok a fuego fuerte hasta que empiece a burbujear. Añada la pasta de curry y saltéela durante unos segundos, hasta que empiece a liberar su aroma. Después incorpore el pato y la salsa de pescado y saltéelo todo hasta que quede bien mezclado.

Vierta el caldo en el wok y llévelo a ebullición. Añada el azúcar, las berenjenas, las judías, las mazorquitas, la galanga, las hojas de lima, la albahaca y la pimienta. Déjelo cocer todo a fuego lento durante 3-4 minutos, hasta que las verduras estén tiernas.

Para preparar curry de ternera y coco con zanahoria y judías, sustituya el pato por 200 g de carne magra de ternera cortada en tiras y el caldo por 200 ml de leche de coco y siga los pasos de la receta. Añada 200 g de zanahoria cortada en bastoncitos en lugar de las berenjenas tailandesas y las mazorquitas de maíz.

ensalada de pechuga de pato salteada

4 raciones

tiempo de preparación
10 minutos

tiempo de cocción **10 minutos**

3 cucharadas de **aceite de cacahuete**

500 g de **pechugas de pollo** deshuesadas, sin piel y cortadas en finas tiras

1 **zanahoria**

1 trozo de **pepino** de 10 cm

150 g de **lechuga iceberg** cortada en rodajas

1 ramita de **apio** cortada en rodajas en diagonal

4 **cebollas tiernas** cortadas en rodajas en diagonal

1 puñado de **hojas de menta** troceadas

sal y **pimienta negra**

para el **aliño**

3 cucharadas de **aceite de oliva suave**

2 cucharadas de **vinagre de malta**

2 cucharadas de **salsa de soja clara**

2 cucharaditas de **azúcar mascabado**

Caliente el aceite en un wok a fuego fuerte hasta que empiece a burbujear. Añada la mitad de la carne, salpiméntela al gusto y saltéela durante 2 minutos, hasta que esté dorada por fuera y roja por dentro. Retire la carne del wok con una espumadera y limpie el wok con papel de cocina. Caliente el aceite restante y saltee el resto de la carne siguiendo el mismo procedimiento.

Coloque el pato en un cuenco grande y mézclelo con los ingredientes del aliño. Déjelo marinar mientras prepara el resto de la ensalada.

Use un pelador de verduras para cortar la zanahoria a lo largo en tiras muy finas. Corte el pepino por la mitad a lo largo y quítele las semillas con una cuchara. Coloque las mitades con la parte vaciada hacia abajo sobre una tabla de cortar y córtelas en rodajas en diagonal. Ponga la zanahoria y el pepino en un cuenco largo y añada después la lechuga, el apio, las cebollas tiernas y la menta.

Deje el pato en remojo en el aliño hasta que se enfríe por completo. Finalmente, incorpórelo a la ensalada.

Para preparar una ensalada de vieiras crujientes, caliente 2 cucharadas de aceite de cacahuete en un wok y saltee 12 vieiras durante 4 minutos, hasta que estén doradas por fuera y ligeramente crudas por dentro. Mézclelas con el aliño. Cuando estén frías, incorpórelas a la ensalada.

pato con salsa hoisin

4 raciones
tiempo de preparación
15 minutos, más tiempo
de marinado
tiempo de cocción **8 minutos**

500 g de **pechuga de pato**
con piel, cortada en finas tiras
2 **dientes de ajo** cortados
en finas láminas
3 cucharadas de **salsa hoisin**
1 ½ cucharadas de **vinagre
de malta**
1 cucharada de **vino de arroz
chino** o **jerez seco**
1 cucharada de **salsa de soja
clara**
1 cucharadita de **azúcar
extrafino**
1 **chile rojo** sin semillas
y picado
1 cucharadita de **polvo de cinco
especias chinas**
½ cucharadita de **sal**
2 cucharadas de **aceite
de cacahuete**

para la **decoración**
1 trozo de **pepino** de 5 cm,
cortado por la mitad, sin
semillas y cortado en tiras
3 **cebollas tiernas** cortadas
en tiras finas

Coloque el pato en un cuenco con el ajo, la salsa hoisin,
el vinagre, el vino de arroz, la salsa de soja, el azúcar, el
chile, el polvo de cinco especias y la sal. Mézclelo bien y
déjelo marinar, tapado, durante 30 minutos en el frigorífico.

Caliente la mitad del aceite de cacahuete en un wok a fuego
fuerte hasta que empiece a burbujear. Añada la mitad del
pato con su marinada y saltéelo durante 3 minutos, hasta
que esté cocido por fuera y ligeramente crudo por dentro.
Retire el pato del wok con una espumadera y déjelo escurrir
sobre papel de cocina. Limpie el wok con papel de cocina.
Caliente el aceite restante y saltee la otra mitad del pato
de la misma forma.

Sirva el pato con unas rodajas de pepino y unos aros
de cebolla por encima.

Para preparar pato con salsa hoisin y verduras, caliente
1 cucharada de aceite de cacahuete en un wok y saltee
250 g de cogollos de brécol cortados en rodajas y 250 g
de zanahorias laminadas durante 2-3 minutos. Retire las
verduras del wok con una espumadera y cueza el pato
marinado como se indica en la receta. Vuelva a poner todo
el pato y las verduras en el wok y saltéelo todo durante
1 minuto. Sirva el plato decorado con las cebollas tiernas
(sin el pepino).

pollo con jengibre y miel

4 raciones

tiempo de preparación
15 minutos, más tiempo
de remojo

tiempo de cocción **10-15 minutos**

2 cucharadas de **aceite vegetal**

3 **pechugas de pollo**
deshuesadas, sin piel
y troceadas

3 **hígados de pollo** troceados

1 **cebolla** cortada en rodajas

3 **dientes de ajo** majados

2 cucharadas de **hongos
deshidratados** (orejas de
Judas), puestos en remojo
en agua caliente durante
20 minutos y escurridos

2 cucharadas de **salsa de soja
clara**

1 cucharada de **miel**

50 g de **raíz de jengibre fresco**
picada

5 **cebollas tiernas** picadas

1 **chile rojo** sin semillas y
cortado en tiras para decorar

Caliente el aceite en un wok a fuego medio y añada las pechugas y los hígados de pollo. Fríalos durante 5 minutos, retírelos del wok con una espumadera y resérvelos.

Añada la cebolla al wok y fríala a fuego lento hasta que esté blanda. Retire la mitad de la cebolla del wok y resérvela. Añada el ajo y las setas escurridas y saltéelos durante 1 minuto. Vuelva a introducir las pechugas y los hígados en el wok.

Mezcle bien la salsa de soja y la miel en un cuenco, viértalas sobre el pollo y remuévalo bien. Añada el jengibre y saltéelo todo durante 2-3 minutos. Finalmente, agregue las cebollas tiernas y decórelo con la cebolla reservada y las tiras de chile rojo. Sirva el plato inmediatamente y, si lo desea, acompáñelo de unos fideos de arroz de grosor medio.

Para preparar pato con jengibre y miel, sustituya el pollo por 4 pechugas de pato deshuesadas y prescinda de los hígados de pollo. Siga los pasos de la receta anterior, y añada además 1 cabeza de *pak choi* cortada en rodajas o ½ cabeza de col china cortada en rodajas al wok junto con el jengibre.

salteado de pollo con sésamo

4 raciones
tiempo de preparación
10 minutos, más tiempo
de marinado
tiempo de cocción **10 minutos**

500 g de **pechugas de pollo**
deshuesadas, sin piel
y cortadas en tiras finas
el zumo de 1 **lima**
½ cucharada de **aceite
de sésamo**
3 cucharadas de **semillas
de sésamo**
3 cucharadas de **aceite
de cacahuete**
1 **pimiento rojo** sin semillas
y cortado en tiras
1 **pimiento amarillo** sin semillas
y cortado en tiras
2 cabezas de *pak choi*
con las hojas separadas
½ cucharada de **salsa de soja
clara**
1 cucharada de **salsa de chile
dulce**
sal

Marine las tiras de pollo en el zumo de lima y el aceite de
sésamo durante 30 minutos y después séquelas con papel
de cocina y sazónelas. Coloque las semillas de sésamo en
un plato y pase las tiras de pollo por encima hasta que queden
cubiertas.

Caliente la mitad del aceite en un wok a fuego fuerte
hasta que empiece a burbujear. Añada las tiras de pollo
y saltéelas durante 2-3 minutos, hasta que estén doradas.
Colóquelas en un plato.

Vuelva a poner el wok sobre el fuego y límpielo con papel
de cocina. Añada el aceite restante y, cuando esté caliente,
incorpore los pimientos y el *pak choi* y saltéelos durante
2 minutos. Añada la salsa de soja y la salsa de chile dulce
y déjelo cocer todo durante 1 minuto más. A continuación
agregue el pollo y saltéelo durante 1-2 minutos, hasta
que esté cocido.

Para preparar cerdo con sésamo y salsa satay, vierta
4 cucharadas de mantequilla de cacahuete y 4 cucharadas
de leche de coco en una cazuela pequeña y llévelo a ebullición.
Añada después 1 chile rojo sin semillas y picado y 1 cucharada
de salsa de pescado. Déjelo cocer a fuego lento durante
2-3 minutos hasta que espese. Recubra 500 g de tiras
de carne magra de cerdo con semillas de sésamo como
en la receta y saltéelas a fuego medio durante 4-5 minutos.
Sirva el cerdo acompañado de la salsa (fria).

curry verde tailandés de pollo

4 raciones

tiempo de preparación
25 minutos

tiempo de cocción **25 minutos**

2 cucharadas de **aceite
de cacahuete**

1 trozo de 2,5 cm de **raíz
de jengibre fresco** picado

2 **chalotas** picadas

4 cucharadas de **pasta de curry
verde tailandés** (envasado
o casero; *véase* inferior)

625 g de **muslos de pollo**
deshuesados, sin piel y
cortados en trozos de 5 cm

300 ml de **leche de coco**

4 cucharadas de **salsa
de pescado tailandesa
(nam pla)**

1 cucharadita de **azúcar moreno**

3 **hojas de lima kaffir** picadas

1 **chile verde** sin semillas
y cortado en rodajas finas

sal y **pimienta negra**

ajo picado frito para decorar

Caliente el aceite en un wok a fuego lento. Añada el jengibre
y las chalotas y saltéelos durante aproximadamente 3 minutos
o hasta que estén blandos. Añada la pasta de curry y fríala
durante 2 minutos.

Agregue el pollo al wok y remuévalo hasta que quede bien
recubierto de la mezcla de especias. Fríalo durante 3 minutos
para que los trozos de pollo queden bien sellados. A continuación
añada la leche de coco y lleve el curry a ebullición. Reduzca
el fuego y deje cocer el curry a fuego lento, removiéndolo
de vez en cuando, durante aproximadamente 10 minutos
o hasta que el pollo esté cocido y la salsa se haya espesado.

Incorpore la salsa de pescado, el azúcar moreno, las hojas de
lima y el chile. Deje cocer el curry otros 5 minutos. Salpimiente
al gusto. Decore el curry con un poco de ajo frito y, si lo desea,
sírvalo acompañado de unos fideos de arroz.

Para preparar una pasta de curry verde tailandés

casera, coloque 15 chiles verdes pequeños, 4 dientes
de ajo cortados por la mitad, 2 tallos de citronela picados,
2 hojas de lima kaffir, 2 chalotas picadas, 50 g de hojas, tallos
y raíces de cilantro, 1 trozo de 2,5 cm de raíz de jengibre
fresco picada, 2 cucharaditas de semillas de cilantro,
1 cucharadita de granos de pimienta negra, 1 cucharadita
de ralladura de lima, ½ cucharadita de sal y 2 cucharadas de
aceite de cacahuete en el recipiente de la picadora y tritúrelo
todo hasta obtener una pasta densa. La pasta que no use
en la receta se puede conservar en el frigorífico en un recipiente
hermético durante 3 semanas.

alitas de pollo crujientes con especias

entrante para **4 raciones**
tiempo de preparación
5 minutos
tiempo de cocción **18 minutos**

125 g de **harina**
1 cucharada de **chile picante en polvo**
½ cucharadita de **sal**
12 **alitas de pollo**
aceite vegetal para freír
1 **chile rojo** cortado en finas rodajas
3 **cebollas tiernas** cortadas en rodajas
1 cucharada de **raíz de jengibre fresco** picada
unas rodajas de **lima** para acompañar

Coloque la harina, el chile en polvo y la sal en un cuenco grande y mézclelos bien. Añada las alitas de pollo y remuévalas hasta que queden bien recubiertas.

Vierta suficiente aceite en el wok para freír las alitas. Caliéntelo a 190 °C o hasta que un trozo de pan se dore en el aceite en 20 segundos. Fría 6 alitas de pollo durante 6-7 minutos, hasta que estén crujientes y doradas por ambos lados. Retírelas con una espumadera y déjelas escurrir sobre papel de cocina. Fría el resto de alitas siguiendo el mismo procedimiento.

Introduzca con cuidado el chile, las cebollas tiernas y el jengibre en el aceite con una espumadera y déjelos que se frían hasta que estén crujientes y el chile se vuelva de un color rojo intenso. Déjelos escurrir bien sobre papel de cocina.

Coloque las alitas de pollo en una fuente y esparza el chile, las cebollas tiernas y el jengibre fritos por encima. Sirva el plato acompañado de unas rodajas de lima.

Para preparar un mojo de chile dulce para acompañar las alitas, corte 3 rodajas de pepino y píquelas bien. Colóquelas en un cuenco junto con 1 cucharada de cilantro picado, la ralladura de 1 lima y 1 cucharadita de salsa de pescado tailandesa (nam pla). Añada 5 cucharadas de salsa de chile dulce.

pollo con bambú y anacardos

4 raciones

tiempo de preparación
10 minutos
tiempo de cocción **15 minutos**

250 ml de **caldo de pollo**
400 g de **pechugas de pollo**
deshuesadas, sin piel
y cortadas en dados
2 cucharadas de **salsa de judías**
200 g de **zanahorias** cortadas
en rodajas
200 g de **brotes de bambú**
en conserva escurridos
1 cucharadita de **harina de maíz**
mezclada con 2 cucharadas
de **agua**
125 g de **anacardos** tostados
1 **cebolla tierna** cortada
en rodajas

Caliente el caldo de pollo en un wok. Añada la carne y lleve el caldo a ebullición, sin dejar de remover. Reduzca el fuego y déjelo cocer durante 5 minutos. Retire el pollo del wok con una espumadera y resérvelo.

Añada la salsa de judías al wok y déjelo cocer todo durante 2 minutos. Agregue las zanahorias y los brotes de bambú y cuézalo todo otros 2 minutos.

Vuelva a introducir el pollo en el wok y vuelva a llevar el caldo a ebullición. Añada la pasta de harina de maíz para que espese. Incorpore los anacardos y la cebolla tierna justo antes de servir.

Para preparar curry suave de pollo con cacahuetes, cocine el pollo siguiendo los pasos de la receta. Sustituya la salsa de judías por ½ cucharada de pasta Madras y déjelo cocer todo durante 2 minutos. A continuación, añada la zanahoria junto con 200 g de cogollos de brécol en lugar de los brotes de bambú. Continúe siguiendo los pasos la receta. Al final, añada 125 g de cacahuetes tostados y troceados en lugar de los anacardos y 2 cebollas tiernas cortadas en rodajas.

hígados de pollo con judías verdes

entrante para **4 raciones**
tiempo de preparación
15 minutos
tiempo de cocción **8 minutos**

500 g de **hígados de pollo**
5 cucharadas de **aceite**
de cacahuete
3 **chalotas** cortadas en rodajas
finas
½ cucharadita de **raíz**
de jengibre fresco picada
2 **dientes de ajo** cortados
en láminas
1 **chile verde** cortado en rodajas
finas
75 g de **judías verdes** cortadas
en trozos de 1 cm
½ cucharadita de **azúcar**
extrafino
1 cucharada de **vinagre**
de malta
1 cucharada de **vino de arroz**
chino o **jerez seco**
2 cucharadas de **salsa de ostras**
2 puñados de **lechuga iceberg**
cortada en rodajas
sal y **pimienta negra**
copos de **chile deshidratado**
para acompañar

Retire la fina membrana blanca de los hígados de pollo y
séquelos con papel de cocina. Salpimiéntelos ligeramente
y resérvelos.

Caliente el aceite en un wok a fuego fuerte hasta que empiece
a burbujear. Añada las chalotas y saltéelas durante unos
instantes. Agregue inmediatamente el jengibre, el ajo
y el chile. Fríalos hasta que estén crujientes, pero sin que
lleguen a oscurecerse demasiado. Retírelos del wok con
una espumadera y déjelos escurrir sobre papel de cocina.

Incorpore la mitad de los hígados y cuézalos a fuego fuerte
durante 1 minuto por cada lado hasta que estén dorados.
Resérvelos y fría el resto de los hígados de la misma forma;
añada un poco más de aceite al wok si es necesario.

Vuelva a poner todos los hígados en el wok e incluya después
las judías. Saltéelo todo durante 1 minuto. Añada el resto de
ingredientes y déjelo cocer todo hasta que los hígados queden
bien recubiertos con la salsa.

Sirva los hígados en un plato junto con la lechuga cortada
y cubiertos con la mezcla de chalota crujiente. Sirva el plato
acompañado de un pequeño cuenco de copos de chile
deshidratado.

Para preparar una ensalada templada de hígado

de pollo, cueza los hígados como se indica en la receta
y, a continuación, colóquelos en un cuenco junto con 75 g
de berros, unas 10 rodajas de pepino y 1 cucharada de
semillas de sésamo tostadas. Sírvalo como entrante o como
almuerzo ligero.

codorniz con cítricos
a las cinco especias chinas

entrante para **4 raciones**
tiempo de preparación
10 minutos
tiempo de cocción **15 minutos**

4 **codornices** de 125 g cada una
1 cucharada de **polvo de cinco especias chinas**
½ cucharadita de **sal**
2 cucharadas de **harina de maíz**
4 cucharadas de **harina**
aceite vegetal para freír
2 **dientes de ajo** picados
1 cucharadita de **raíz de jengibre fresco** picada
3 cucharadas de **salsa de soja oscura**
3 cucharadas de **zumo de naranja**
2 cucharadas de **vino de arroz chino** o **jerez seco**
4 cucharadas de **agua**
el zumo de 1 **lima**

para la **decoración**
3 **cebollas tiernas** picadas
la ralladura de 1 **naranja**
unas rodajas de **lima**

Cuartee las codornices con una cuchilla o unas tijeras de cocina y séquelas con papel de cocina. Mezcle el polvo de cinco especias chinas, la sal, la harina de maíz y la harina en un cuenco grande y después incorpore los cuartos de codorniz y rebócelos bien.

Vierta aceite en el wok para freír las codornices y caliéntelo a 190 °C o hasta que un trozo de pan se dore en el aceite en 20 segundos. Fría la mitad de los cuartos durante 4-5 minutos, hasta que estén dorados y crujientes. Retírelos de la sartén con una espumadera y déjelos escurrir sobre papel de cocina. Fría el resto de los cuartos de la misma forma y resérvelos.

Retire todo el aceite del wok excepto 1 cucharada. Vuelva a colocar el wok en el fuego y añada el ajo y el jengibre, sin parar de remover. Vierta la salsa de soja, el zumo de naranja, el vino de arroz y el agua. Incorpore el azúcar y, una vez disuelto, añada los cuartos de codorniz fritos. Déjelo cocer todo, mientras remueve, hasta que los cuartos estén recubiertos de una salsa aterciopelada. Retire el wok del fuego y añada el zumo de lima. Sirva la receta con unas rodajas de cebolla tierna y la ralladura de naranja por encima. Acompáñela de unas rodajas de lima.

Para preparar una ensalada de naranja, hinojo y rábano
para acompañar las codornices, corte un bulbo de hinojo en finas tiras con un pelador de verduras. Colóquelas en un cuenco junto con 1 naranja pelada y desgajada, 4 rábanos cortados en finas láminas, ¼ de cucharadita de aceite de sésamo, 1 cucharadita de aceite de oliva suave y una pizca de sal. Exprima un poco de zumo de lima por encima. Puede usar la ensalada como base para colocar las codornices.

pescados y mariscos

lubina al vapor con cítricos

4 raciones

tiempo de preparación **15 minutos**

tiempo de cocción **20 minutos**

1 **besugo** o 1 **lubina** entera de unos 800-900 g, descamada y destripada

50 ml de **caldo de pollo** o **agua**

50 ml de **vino de arroz chino** o **jerez seco**

la cáscara de 1 **naranja** pequeña cortada en tiras finas

1 trozo de 2,5 cm de **raíz de jengibre fresco** cortada en rodajas

1 cucharadita de **azúcar extrafino**

3 cucharadas de **salsa de soja clara**

½ cucharadita de **aceite de sésamo**

1 **diente de ajo** cortado en láminas

3 **cebollas tiernas** cortadas en rodajas

1 cucharada de **aceite de cacahuete**

Haga 3 cortes diagonales en cada lado del pescado con un cuchillo afilado y 3 más en la dirección opuesta (como rombos).

Corte 2 trozos grandes de papel de aluminio de 1,5 veces la longitud del pescado. Coloque el pescado en el centro de la doble capa de aluminio y levante ligeramente los bordes del papel de aluminio. Vierta el caldo y el vino de arroz sobre el pescado y espolvoree la ralladura de naranja y la mitad del jengibre por encima.

Ponga una rejilla circular dentro del wok y llénelo de agua hasta justo debajo de la rejilla. Tape el wok y lleve el agua a ebullición. Coloque con cuidado el pescado con el papel de aluminio sobre la rejilla, vuelva a poner la tapa al wok y déjelo cocer al vapor durante 15-18 minutos, hasta que la carne del interior de los cortes se haya vuelto opaca. Retire el pescado del wok con cuidado y colóquelo en una fuente.

Coloque el azúcar en un cuenco y mézclelo con la salsa de soja y el aceite de sésamo. Vierta la mezcla sobre el pescado junto con el ajo, las cebollas tiernas y el jengibre restante.

Caliente el aceite de cacahuete en una sartén pequeña a fuego fuerte hasta que empiece a humear y viértalo sobre el pescado. Este aceite hará que las cebollas tiernas y el jengibre se vuelvan crujientes y desprendan su aroma.

Para preparar lubina al vapor con setas y tomates, coloque el pescado sobre papel de aluminio como se indica en la receta, salpiméntelo y vierta 2 cucharadas de aceite de oliva y 100 ml de vino blanco seco por encima; esparza sobre el pescado 75 g de setas shiitake troceadas y 6 tomates cherry cortados por la mitad. Cuézalo al vapor como se indica en la receta.

vieiras con limón y jengibre

3-4 raciones
tiempo de preparación
  10 minutos
tiempo de cocción **10 minutos**

15 g de **mantequilla**
2 cucharadas de **aceite vegetal**
8 **vieiras** cortadas en rodajas
  gruesas
½ manojo de **cebollas tiernas**
  cortadas en rodajas en diagonal
½ cucharadita de **cúrcuma**
  rallada
3 cucharadas de **zumo de limón**
2 cucharadas de **vino de arroz**
  chino o **jerez seco**
2 trozos de **tallo de jengibre** en
  conserva con sirope, picados
sal y **pimienta**

Ponga un wok sobre el fuego hasta que esté caliente. Añada la mantequilla y 1 cucharada de aceite y caliéntelo a fuego lento hasta que forme espuma. Añada las vieiras, saltéelas durante 3 minutos, retírelas del wok con una espumadera y resérvelas en un plato.

Vuelva a poner el wok en el fuego, esta vez a fuego medio, añada el aceite restante y caliéntelo hasta que empiece a burbujear. Añada las cebollas tiernas y la cúrcuma y saltéelas durante unos segundos. Agregue el zumo de limón y el vino de arroz y llévelo a ebullición. Finalmente incorpore los trozos de jengibre.

Vuelva a poner las vieiras y su jugo en el wok y saltéelas hasta que estén calientes. Salpiméntelas al gusto y sírvalas inmediatamente.

Para preparar una ensalada de hinojo y zanahoria

para acompañar las vieiras, corte un bulbo de hinojo y 2 zanahorias en tiras muy finas con un pelador de verduras. Póngalas en un cuenco con un puñado de hojas de cilantro, el zumo de ½ limón y ½ cucharadita de aceite de sésamo.

rape y gambas con salsa agridulce

4 raciones

tiempo de preparación
10 minutos

tiempo de cocción **7 minutos**

300 g de **cola de rape** troceada

200 g de **langostinos jumbo**
crudos y pelados

2 cucharadas de **aceite
de cacahuete**

1 cucharada de **raíz de jengibre
fresco** picada

200 g de **zanahorias** cortadas
en bastoncitos

200 g de **guisantes dulces**
cortados por la mitad

4 **cebollas tiernas** cortadas
en rodajas

sal y **pimienta negra**

para la **salsa agridulce**

150 ml de **caldo de pescado**
o **de verduras**

2 ½ cucharadas de **salsa
de soja clara**

2 cucharadas de **puré
de tomate**

1 cucharada de **vinagre
de manzana**

2 cucharaditas de **azúcar
extrafino**

2 cucharadas de **harina de maíz**

½ cucharadita de **sal**

Mezcle todos los ingredientes de la salsa. Salpimiente el rape y los langostinos.

Caliente el aceite en un wok a fuego fuerte hasta que empiece a burbujear. Añada el rape y los langostinos y cuézalos durante 2 minutos, dando la vuelta al pescado con cuidado de vez en cuando. A continuación añada el jengibre, las zanahorias, los guisantes dulces y las cebollas tiernas.

Déjelo freír durante 30 segundos y después incorpore la salsa y llévelo a ebullición. Reduzca el fuego y déjelo cocer todo a fuego lento durante 2-3 minutos, hasta que las verduras estén tiernas y el pescado bien cocido. Sirva el plato inmediatamente.

Para preparar rape con gambas y hierbas aromáticas,
cueza el rape y las gambas como se indica en la receta hasta llegar al momento de verter la salsa agridulce. Omita este paso y en su lugar saltee el rape y las gambas otros 2 minutos. Retire el wok del fuego y añada un puñado de cilantro y un puñado de menta y el zumo de 1 lima.

salteado de marisco y verduras

4 raciones
tiempo de preparación
18 minutos
tiempo de cocción **10 minutos**

250 g de **mejillones** vivos
250 g de **castañas de agua**
  peladas y cortadas en láminas
  gruesas
1 cucharada de **azúcar extrafino**
½ cucharadita de **pimienta**
  negra
2 cucharadas de **aceite vegetal**
1 **cebolla blanca dulce** cortada
  en rodajas
125 g de **langostinos jumbo**
  crudos y pelados
4 **cebollas tiernas** cortadas
  en rodajas en diagonal
½ cucharadita de **copos de**
  chile picado (y unos cuantos
  para decorar)
125 g de **guisantes dulces** sin
  rabillo y cortados por la mitad
125 g de **brotes de soja**
3 cucharadas de **salsa de soja**
  clara
2 cucharadas de **salsa de judías**
2 cucharadas de **vino de arroz**
  chino o **jerez seco**
unas ramitas de **perifollo**
  para decorar

Lave bien los mejillones con abundante agua fría. Arránqueles las «barbas» y aclárelos de nuevo con agua fría. Golpetee suavemente los mejillones que estén abiertos. Si no se cierran, descártelos.

Espolvoree el azúcar y la pimienta sobre las castañas de agua y resérvelas.

Caliente el aceite en un wok a fuego fuerte hasta que empiece a burbujear. Añada la cebolla y los mejillones y saltéelos durante 1 minuto sin parar de remover. Tape el wok y déjelo cocer todo durante 3-4 minutos o hasta que los mejillones se hayan abierto. Descarte los mejillones que se hayan quedado cerrados.

Añada las castañas de agua, las gambas, las cebollas tiernas, los copos de chile, los guisantes dulces y los brotes de soja al wok y saltéelo todo durante 1-2 minutos o hasta que las gambas se hayan vuelto rosadas y estén bien cocidas.

Mezcle la salsa de soja, la salsa de judías y el vino de arroz y viértalo sobre los ingredientes del wok. Saltéelo durante 1-2 minutos más hasta que esté todo caliente. Decore el plato con unos copos de chile y unas ramitas de perifollo. Si lo desea, sírvalo acompañado de arroz.

Para preparar un salteado rápido de mariscos, sustituya los mejillones vivos y las gambas crudas por 250 g de una mezcla de mariscos precocinados (se pueden encontrar en la mayoría de supermercados). Cueza las cebollas como se indica en la receta y después añada los mariscos al wok al mismo tiempo que los ingredientes de la salsa. Complete la receta siguiendo los pasos.

almejas con chile y albahaca tailandesa

entrante para **4 raciones**
tiempo de preparación
  10 minutos, más tiempo
  de remojo
tiempo de cocción **6 minutos**

500 g de **almejas** pequeñas
2 cucharadas de **aceite de cacahuete**
2 **dientes de ajo** picados
1 cucharada de **raíz de jengibre fresco** picada
2 cucharadas de **salsa de pescado tailandesa (nam pla)**
1 cucharada de **aceite de chile**
½ cucharadita de **azúcar moreno**
2 **chiles rojos,** 1 cortado en rodajas y 1 sin semillas y cortado en rodajas para decorar
1 puñado de **hojas de albahaca tailandesa**

Lave las almejas con abundante agua fría y descarte las que estén rotas o las que se queden abiertas al golpetearlas. Póngalas en remojo con abundante agua fría durante 30 minutos. Escúrralas y vuelva a aclararlas con agua fría. Colóquelas en un cuenco, cúbralas con una toallita mojada y manténgalas en el refrigerador hasta que las necesite.

Caliente el aceite en un wok a fuego fuerte hasta que empiece a burbujear. Añada el ajo y el jengibre y saltéelos durante unos segundos. Agregue las almejas y el resto de los ingredientes, reservando 1 chile cortado en rodajas para decorar. Cueza las almejas, sin parar de remover, durante 4-5 minutos hasta que se abran. Sírvalas inmediatamente, y elimine las que no se hayan abierto. Decórelas con unas rodajas de chile rojo.

Para preparar fideos con marisco, saltee 500 g de langostinos crudos y pelados en 1 cucharada de aceite de cacahuete durante 2 minutos. Añada 300 g de aros de calamar y fríalo todo durante 1 minuto más. Retírelos del wok con una espumadera y siga los pasos de la receta. Cuando las almejas estén cocidas, vuelva a introducir las gambas y los calamares en el wok y añada 300 g de fideos de arroz gruesos cocidos; remuévalo bien hasta que empiece a humear. Sírvalos acompañados de unas rodajas de lima.

fideos celofán con marisco

4-6 raciones

tiempo de preparación
5 minutos

tiempo de cocción **20 minutos**

1 cucharada de **aceite de colza**
   o **aceite de oliva**

2 **dientes de ajo** picados

1 cucharada de **raíz de jengibre**
   fresco picada

1 cucharada de **salsa picante**

2 cucharadas de **salsa shoyu**
   o **salsa tamari**

1 cucharada de **pimienta blanca**

2 l de **caldo de pescado**
   o **de verduras**

225 g de **hojas de col china**
   cortadas en tiras de 2,5 cm

175 g de **fideos celofán**
   deshidratados

125 g de **langostinos jumbo**
   crudos y pelados

125 g de **vieiras**

125 g de **calamar** limpio
   y cortado en aros de 1 cm

1 cucharada de **hojas**
   de cilantro para decorar

Caliente el aceite en un wok a fuego fuerte hasta que empiece a burbujear. Añada el ajo y el jengibre y saltéelos durante unos segundos hasta que empiecen a desprender su aroma.

Añada la salsa picante, la salsa shoyu, la pimienta y el caldo y llévelo todo a ebullición. Añada las hojas de col china, reduzca el fuego y déjelo cocer a fuego medio durante 10 minutos.

Añada los fideos celofán, tape el wok y déjelo cocer todo a fuego lento durante 5 minutos. A continuación, añada los langostinos, las vieiras y el calamar y vuélvalo a llevar a ebullición. Déjelo cocer a fuego lento durante 1 minuto más, sírvalo en un plato hondo y decórelo con unas hojas de cilantro.

Para preparar una ensalada templada de marisco y fideos celofán, ponga los fideos en remojo siguiendo las indicaciones del envase. Aclárelos con abundante agua fría y déjelos escurrir. Cueza el ajo y el jengibre como en la receta y después añada la salsa picante, la salsa shoyu, la pimienta y 2 cucharadas de caldo o agua. Prescinda de las hojas de col china y añada el marisco. Saltéelo todo durante 3 minutos y finalmente añádalo a los fideos junto con un buen puñado de hojas de cilantro y otro de hojas de menta.

calamares con sal y pimienta

entrante para **4 raciones**
tiempo de preparación
  10 minutos
tiempo de cocción **6 minutos**

1 cucharada de **granos de
  pimienta de Sichuan**
1 cucharadita de **sal marina**
1 ½ cucharadas de **harina
  de maíz**
1 ½ cucharadas de **harina**
1 cucharadita de **chile picante
  en polvo**
625 g de **calamares** limpios
  cortados en aros de 1 cm
aceite vegetal para freir
1 **chile rojo** cortado en rodajas
  finas
3 **cebollas tiernas** cortadas
  en rodajas
hojas de cilantro para decorar

Coloque los granos de pimienta de Sichuan en un wok seco sobre un fuego medio y tuéstelos hasta que empiecen a saltar y a desprender su aroma. Póngalos en un mortero y macháquelos junto con la sal hasta que queden molidos.

Coloque la mezcla de sal y pimienta, las harinas y el chile en polvo en un cuenco y reboce con esta mezcla los anillos de calamar.

Vierta suficiente aceite para freír los calamares en un wok y caliéntelo a 190 °C o hasta que un trozo de pan se dore en el aceite en 20 segundos. Añada la mitad de los aros de calamar y fríalos durante 1 minuto, hasta que empiecen a adquirir color. Retírelos del wok con una espumadera y déjelos escurrir sobre papel de cocina. Fría el resto de los aros de calamar siguiendo los mismos pasos.

Ponga el chile y las cebollas tiernas en una espumadera y sumérjalos con cuidado en el aceite caliente durante unos segundos. Sirva el calamar acompañado de las hojas de cilantro y de las cebollas tiernas y el chile fritos.

Para preparar una ensalada de pepino, brotes de soja y berros para acompañar los calamares, pele ½ pepino y córtelo por la mitad a lo largo. Retire las semillas y córtelo en rodajas finas. Ponga las rodajas en un cuenco junto con 50 g de brotes de soja, 50 g de berros, 1 cucharada de salsa de soja clara, 1 cucharadita de aceite de sésamo, una pizca de azúcar y 1 pizca de sal.

vieiras con salsa Sichuan

4 raciones

tiempo de preparación
10 minutos

tiempo de cocción **5 minutos**

2 cucharadas de **aceite
de cacahuete**

1 cucharada de **raíz de jengibre
fresco** picada

2 **dientes de ajo** majados

3 **cebollas tiernas** cortadas
en tiras finas

1 2 **vieiras**

150 g de **zanahorias** cortadas
en bastoncitos

1 rama de **apio** cortada
en rodajas

1 cucharadita de **aceite
de sésamo**

1 puñado de **hojas de cilantro**
para decorar

para la **salsa de pimienta
de Sichuan**

1 cucharada de **salsa de soja
clara**

1 cucharada de **puré de tomate**

1 cucharada de **vino de arroz
chino** o **jerez seco**

1 cucharada de **salsa picante**

½ cucharadita de **sal**

¼ de cucharadita de **pimienta
negra**

Mezcle todos los ingredientes de la salsa y resérvela.

Caliente el aceite en un wok a fuego fuerte hasta que empiece
a burbujear. Añada el jengibre, el ajo y las cebollas tiernas
y saltéelos durante unos segundos. A continuación incorpore
las vieiras y saltéelas durante 1 minuto, hasta que empiecen
a adquirir color. Después añada las zanahorias y el apio
y, finalmente, incorpore la salsa.

Déjelo cocer todo durante otros 2 minutos, hasta que
las verduras estén tiernas y todos los ingredientes estén
brillantes. Añada el aceite de sésamo y déjelo cocer
todo otros 30 segundos. Retire el wok del fuego y sírvalo
adornado con unas hojas de cilantro.

Para preparar costillas de cerdo con salsa Sichuan,

prepare la salsa Sichuan como se indica en la receta
y prescinda del resto de los ingredientes, excepto del aceite
de cacahuete. Separe 1 kg de costillas de cerdo y córtelas
en trozos de 7 cm con una cuchilla. Marine las costillas en
la salsa durante 1 hora o durante toda la noche. Caliente el
aceite en un wok a fuego fuerte, añada las costillas y saltéelas
durante 4-5 minutos, hasta que estén doradas. Vierta 100 ml
de agua, tape el wok y déjelo cocer todo a fuego lento durante
40-45 minutos, hasta que las costillas estén tiernas. Decore
la receta con unos aros de cebolla tierna.

salteado de calamares con tirabeques

2 raciones
tiempo de preparación
12 minutos
tiempo de cocción **8 minutos**

250 g de **calamares** limpios
1 cucharada de **aceite de colza**
o **aceite de oliva**
1 **chile verde** sin semillas
y picado
2 cucharadas de **granos de pimienta de Sichuan** majados
2 **dientes de ajo** majados
1 **cebolla pequeña** picada
250 de **tirabeques**
2 cucharaditas de **salsa shoyu**
o **salsa tamari**
1 cucharada de **vino de arroz chino** o **jerez seco**

Corte el calamar en trozos y practique una serie de cortes en forma de cruz en la superficie (de este modo conseguirá que se ricen al cocerse y los surcos favorecerán que el calamar retenga más salsa).

Caliente el aceite en un wok a fuego fuerte hasta que empiece a burbujear. Reduzca un poco el fuego, añada el chile, los granos de pimienta, el ajo y la cebolla y saltéelos durante 3-4 minutos.

Vuelva a subir el fuego al máximo. Añada los trozos de calamar y saltéelos durante 1 minuto. Retírelos de la sartén con una espumadera y resérvelos.

Añada los tirabeques y saltéelos durante 1 minuto. Vuelva a poner el calamar en el wok y remuévalo hasta que quede bien mezclado. Añada la salsa shoyu y el vino de arroz y saltéelo todo durante unos segundos. Sirva el plato inmediatamente.

Para preparar calamar con guisantes y tomate picante, prepare y saltee el calamar durante 1 minuto como en la receta. Añada 125 g de guisantes frescos o congelados y saltéelos durante otros 30 segundos. Añada ½ cucharada de puré de tomate mezclado con el vino de arroz chino, la salsa shoyu y ½ chile rojo cortado en finos aros. Saltéelo todo durante otros 30 segundos y sírvalo.

salmón ahumado al té

4 raciones

tiempo de preparación
10 minutos

tiempo de cocción **15 minutos**

4 **filetes de salmón** sin piel
de unos 125 g cada uno

125 g de **azúcar moreno**

3 cucharadas de **sal marina**

2 cucharadas de **aceite de oliva
virgen extra**

150 g de **arroz** crudo

50 g de **hojas de té verde**

1 **limón** cortado en rodajas
para acompañar

para la **salsa**

el zumo de 1 **limón**

1 cucharada de **perejil** picado

4 cucharadas de **mahonesa**

sal y **pimienta negra**

Coloque los filetes en un plato y úntelos con el azúcar
y el aceite de oliva. Tápelos y guárdelos en el refrigerador
durante 1 hora. Seque los filetes y descarte la marinada.

Prepare el wok para ahumar recubriendo el interior con papel
de aluminio. Mezcle el arroz con las hojas de té. Coloque una
rejilla circular en el wok y póngalo sobre el fuego a la máxima
potencia con la tapa puesta. Caliente el wok hasta que el humo
empiece a salir por la tapa.

Retire la tapa y coloque rápidamente el salmón sobre la
rejilla. Vuelva a poner la tapa y deje cocer el salmón durante
2 minutos. Reduzca un poco el fuego y déjelo cocer otros
4 minutos. Apague el fuego y deje el salmón en el wok durante
otros 6 minutos. Mientras tanto, empiece a preparar la salsa.

Mezcle el zumo de limón y el perejil con la mahonesa y
sazone la mezcla con pimienta negra recién molida. Sirva
el salmón acompañado de las rodajas de limón y ponga
la mahonesa aromática en un cuenco pequeño. Si lo desea,
puede acompañar el pescado con unas hojas de lechuga.

Para preparar una ensalada de salmón ahumado al té,
ahúme el salmón como se indica en la receta y después
mézclelo, troceado, en un cuenco con 150 g de judías
verdes escaldadas, 125 g de tomates cherry cortados
por la mitad y 20 g de hojas de perejil de hoja plana.
Salpimiéntelo y vierta 2 cucharadas de aceite de oliva
virgen extra y un buen chorro de zumo de limón por encima.

salteado de rape con apio

4 raciones

tiempo de preparación
10 minutos

tiempo de cocción **7 minutos**

1 cucharada de **aceite de colza**
   o **aceite de oliva**

1 ½ cucharadas de **raíz**
   de jengibre fresco picada

500 g de **filetes de rape**
   cortados en láminas de 1 cm

100 ml de **caldo de pescado**
   caliente

1 cucharada de **salsa shoyu**
   o **tamari**

1 cucharada de **vino de arroz**
   chino o **jerez seco**

1 cucharadita de **pimienta**
   blanca

½ cucharadita de **aceite**
   de sésamo

500 g de **apio** cortado
   en trozos de 2,5 x 1 cm

2 cucharadas de **harina de maíz**
   mezcladas con 2 cucharadas
   de **agua** o **caldo**

Caliente el aceite en un wok a fuego fuerte hasta que empiece a burbujear. Añada el jengibre y saltéelo durante unos segundos, hasta que empiece a desprender su aroma.

Añada el rape y saltéelo durante 1 minuto. A continuación agregue el caldo caliente y llévelo a ebullición. Añada la salsa shoyu, el vino de arroz, la pimienta y el aceite de sésamo y remuévalo todo bien.

Incorpore el apio y vuelva a llevar la mezcla a ebullición. Añada a continuación la pasta de harina de maíz, sin parar de remover, hasta que la salsa espese y se vuelva translúcida.

Para preparar ternera con apio y tomates, sustituya el rape por 500 g de carne magra de ternera cortada en láminas de 1 cm. Use 100 ml de caldo de pollo caliente en lugar del caldo de pescado. Añada 4 tomates cuarteados al wok junto con el apio y termine el plato siguiendo los pasos de la receta anterior.

mejillones con salsa de judías negras

entrante para **4 raciones**
tiempo de preparación
   15 minutos
tiempo de cocción **7 minutos**

1 kg de **mejillones** vivos
1 cucharada de **aceite**
   de cacahuete
2 **dientes de ajo** cortados
   en láminas
2 cucharadas de **salsa**
   de judías negras
1 cucharada de **raíz de jengibre**
   fresco picada
2 cucharadas de **vino de arroz**
   chino o **jerez seco**
1 cucharada de **salsa de soja**
   clara
4 cucharadas de **agua**
1 puñado de **hojas de cilantro**
   troceadas

Lave bien los mejillones con abundante agua fría. Arránqueles las «barbas» y vuelva aclararlos con abundante agua. Golpetee los mejillones que hayan podido quedar abiertos y descarte los que no se cierren.

Caliente el aceite en un wok a fuego medio. Añada el ajo y fríalo hasta que esté crujiente y dorado. A continuación agregue la salsa de judías negras, el jengibre, el vino de arroz y la salsa de soja. Vierta el agua y déjelo hervir todo durante 1 minuto.

Incorpore los mejillones, tape el wok y déjelos cocer a fuego medio durante 3-4 minutos, hasta que los mejillones se hayan abierto. Descarte los que no se hayan abierto. Añada el cilantro y sirva el plato inmediatamente.

Para preparar langostinos con salsa de ostras, caliente el aceite y añada todos los ingredientes de la salsa, sustituyendo la salsa de judías negras por salsa de ostras. Sustituya también los mejillones por 250 g de langostinos crudos pelados. Déjelos cocer durante 2-3 minutos, hasta que adquieran un tono rosado. Esparza unos aros de cebolla tierna por encima y sírvalos.

curry amarillo tailandés de langostinos

4 raciones
tiempo de preparación
10 minutos
tiempo de cocción **15 minutos**

3 cucharadas de **aceite
de cacahuete**
1 dosis de **pasta de curry
amarillo** (envasada o casera;
véase abajo)
125 ml de **agua**
250 ml de **leche de coco**
20 **langostinos** crudos pelados
2 cucharaditas de **salsa
de pescado tailandesa
(nam pla)**
1 cucharadita de **zumo de lima**
sal y **pimienta negra**

para la **decoración**
2 **chiles rojos** sin semillas
y cortados en rodajas finas
1 cucharada de **cilantro** picado

Caliente el aceite en un wok a fuego débil. Añada la pasta
de curry y saltéela durante 4 minutos, hasta que empiece
a desprender su aroma. Añada el agua a la pasta de curry,
llévelo todo a ebullición y déjelo cocer a fuego fuerte durante
2 minutos, hasta que reduzca.

Añada la leche de coco a la pasta de curry y, a continuación,
los langostinos. Cueza el curry a fuego medio, remueva de vez
en cuando, durante unos 6 minutos o hasta que las gambas
adopten un tono rosado y estén bien cocidas.

Vierta la salsa de pescado y el zumo de lima y salpimiente
al gusto. Sirva la receta en una fuente caliente. Decórela
con unas rodajas de chile y el cilantro. Si lo desea, sírvala
acompañada de arroz.

Para preparar pasta de curry amarillo casera, ponga
1 trozo de 2,5 cm de galanga picada, 1 tallo de citronela
picado, 2 chalotas picadas, 3 dientes de ajo picados,
2 cucharaditas de cúrcuma rallada, 1 cucharadita
de cilantro rallado, 1 cucharadita de comino rallado,
1 cucharadita de pasta de gamba y ½ cucharadita
de chile en polvo en una picadora o batidora y tritúrelo
todo hasta obtener una pasta densa.

langostinos y vieiras con espárragos

4 raciones

tiempo de preparación
5 minutos
tiempo de cocción **10 minutos**

12 **langostinos** crudos pelados
8 **vieiras**
3 cucharadas de **aceite
de cacahuete**
1 trozo de 2,5 cm de **raíz
de jengibre fresco** picado
2 **dientes de ajo** majados
250 g de **espárragos verdes**
cortados a lo largo en trozos
de 2,5 cm
2 cucharadas de **vino de arroz
chino** o **jerez seco**
1 cucharada de **vinagre de malta**
1 ½ cucharadas de **salsa
de soja clara**
2 cucharaditas de **azúcar
extrafino**
100 ml de **agua**
½ cucharadita de **aceite
de sésamo**
sal y **pimienta blanca**

Condimente los langostinos con sal y pimienta blanca recién
molida.

Caliente 1 cucharada de aceite en un wok a fuego fuerte
hasta que empiece a burbujear. Añada los langostinos
y saltéelos durante 2 minutos, hasta que empiecen a ponerse
rosados y retírelos del wok con una espumadera. Resérvelos.
Vierta otra cucharada de aceite en el wok. Cuando esté
caliente, saltee las vieiras durante 1 minuto por cada lado.
Retírelas del wok con una espumadera y resérvelas.

Caliente el aceite restante en el wok. Añada el jengibre,
el ajo y los espárragos y saltéelo todo durante 1 minuto.
Agregue después el vino de arroz, el vinagre, la salsa de soja,
el azúcar y el agua y llévelo todo a ebullición. Vuelva a introducir
los langostinos y las vieiras en el wok y saltéelo todo hasta
que el marisco esté cocido y los espárragos tiernos. Incorpore
finalmente el aceite de sésamo, mézclelo bien y sírvalo.

**Para preparar langostinos con pimientos y semillas de
sésamo**, prescinda de las vieiras y aumente la cantidad
de langostinos a 16. Sustituya los espárragos por 1 pimiento
rojo y 1 pimiento amarillo (sin semillas y cortados en finas
tiras). Cocine los ingredientes siguiendo los pasos de la
receta. Al final, esparza 2 cucharadas de semillas de sésamo
tostadas por encima.

cangrejo aromático al estilo tailandés

entrante para **4 raciones**

tiempo de preparación
  20 minutos

tiempo de cocción **5 minutos**

2 **cangrejos** enteros cocidos
  de unos 750 g cada uno

3 cucharadas de **aceite
  de cacahuete**

1 **chile rojo** cortado en rodajas
  finas

2 **tallos de citronela** cortados en
  rodajas

3 **dientes de ajo** cortados
  en láminas

6 trozos de 1 cm de **raíz
  de jengibre fresco**

2 cucharadas de **salsa de soja
  clara**

2 cucharadas de **salsa de
  pescado tailandesa (nam pla)**

2 cucharadas de **salsa de chile
  dulce**

2 cucharadas de **agua**

el zumo de 1 **limón**

1 puñado de **hojas de menta**

1 puñado de **hojas de cilantro**

Prepare los cangrejos golpeándolos en la parte inferior del caparazón. De esta forma se desprende la carne. Con el caparazón hacia arriba, separe el cuerpo del cangrejo de su caparazón con los dedos pulgares. Arranque la cola y deséchela. A continuación, arranque las pinzas y ábralas con un golpe de rodillo. Arranque también las branquias de los cangrejos y deséchelas. Con un cuchillo afilado cuartee los cangrejos.

Caliente el aceite en un wok a fuego fuerte hasta que empiece a burbujear. Añada el chile, la citronela, el ajo y el jengibre y saltéelos durante 30 segundos. Vierta la salsa de soja, la salsa de pescado, la salsa de chile dulce y el agua.

Incorpore el cangrejo y saltéelo durante 2-3 minutos, hasta que quede bien impregnado de la salsa y esté caliente. Retire el wok del fuego. Añada el zumo de lima y las hierbas aromáticas.

Para preparar fideos aromáticos con cangrejo, use 200 g de carne de cangrejo cocida en lugar de los cangrejos enteros. Prepare la receta siguiendo los pasos anteriores, pero añada además 200 g de fideos de arroz puestos en remojo y 150 g de tomates cherry cortados por la mitad al wok junto con el cangrejo.

pescado con salsa de judías negras

4 raciones
tiempo de preparación
15 minutos
tiempo de cocción
25-30 minutos

1 cucharada de **aceite
de sésamo**
25 g de **raíz de jengibre fresco**
cortado en tiras finas
1 **diente de ajo** grande picado
3 cucharadas de **judías negras**
con sal
1 cucharada de **zumo de limón**
2 cucharadas de **salsa de soja
clara**
2 cucharaditas de **azúcar
extrafino**
150 ml de **vino de arroz chino**
o **jerez seco**
750 g de **filetes gruesos de
pescado blanco** (bacalao,
abadejo o carbonero) pelados
y cortados en 2 trozos
4 **cebollas tiernas** grandes,
cortadas en rodajas en
diagonal (más unas rodajas
para decoarar)
1 **pimiento rojo** sin semillas,
asado y cortado en finas
tiras para decorar

Caliente el aceite en un wok a fuego moderado. Añada
el jengibre y el ajo junto con las judías negras y saltéelo
todo durante 2 minutos. Después agregue el zumo de limón,
la salsa de soja, el azúcar y el vino de arroz.

Coloque los filetes de pescado sobre la salsa del wok
y déjelos cocer a fuego lento durante 20-25 minutos.
Pasado este tiempo los filetes deberían estar bien
cocidos. Esparza las cebollas tiernas sobre el pescado
y déjelo cocer todo unos minutos más.

Traslade el pescado y la salsa a una fuente caliente o sírvalos
en 4 platos. Decore el plato con las tiras de pimiento rojo
y con unos aros de cebolla tierna y sírvalo inmediatamente.
Si lo desea, acompáñelo de fideos de arroz.

Para preparar pollo con salsa de judías negras, sustituya
el pescado por 750 g de carne de pollo deshuesada, sin piel
y cortada en láminas. Añada la salsa y déjelo cocer a fuego
lento durante 15-20 minutos o hasta que el pollo esté bien
cocido. Siga como se indica en la receta. Sirva el pollo
bien caliente.

ensalada tailandesa
de mariscos crujientes

4 raciones
tiempo de preparación
15 minutos
tiempo de cocción **5 minutos**

125 g de **brotes de soja**
4 **cebollas tiernas** cortadas
  en rodajas
75 g de **guisantes dulces**
  cortados en rodajas finas
1 trozo de 5 cm de **pepino** pelado
  y cortado en rodajas finas
125 g de **tomates cherry**
  cortados por la mitad
1 puñado de **hojas de menta**
1 puñado de **hojas de cilantro**
2 cucharadas de **aceite**
  de cacahuete
1 **diente de ajo** picado
1 cucharada de **raíz de jengibre**
  fresco picada
325 g de **calamares** limpios
  y cortados en aros de 1 cm
8 **bolas de pescado**
8 **langostinos** crudos pelados
1 **chile rojo** sin semillas y picado
1 cucharadita de **azúcar moreno**
2 cucharadas de **salsa de**
  pescado tailandesa (nam pla)
2 **hojas de lima kaffir** troceadas
el zumo de **1 lima**
½ cucharada de **aceite**
  de sésamo
1 cucharada de **salsa de soja**
  clara
salsa de chile dulce

Mezcle los brotes de soja, las cebollas tiernas, los guisantes dulces, el pepino y los tomates en una fuente grande y espolvoree las hierbas aromáticas por encima.

Caliente el aceite en un wok a fuego fuerte hasta que empiece a burbujear. Añada el ajo y el jengibre y saltéelos durante 30 segundos. Agregue después el calamar, las bolas de pescado y los langostinos y saltéelo todo durante 2-3 minutos, hasta que esté al punto.

Añada el chile, el azúcar, la salsa de pescado y las hojas de lima. Continúe salteando los ingredientes durante 1 minuto más y después espárzalos sobre la ensalada. Condiméntela con el zumo de lima, el aceite de sésamo y la salsa de soja. Sírvala acompañado de salsa de chile dulce.

Para preparar una ensalada de pollo con coco, haga la ensalada siguiendo la receta anterior, pero sustituya el pescado por 625 g de pechugas de pollo cortadas en tiras. Cuando estén cocidas, espolvoree 50 g de virutas de coco sobre la ensalada.

curry tailandés suave de pescado

4 raciones

tiempo de preparación
10 minutos

tiempo de cocción **25 minutos**

5 cucharadas de aceite
de cacahuete

5 **chalotas tailandesas**
cortadas en rodajas

1 cucharada de **pasta de curry
rojo tailandés** (envasado
o casero; *véase* pág. 80)

4 **hojas de lima kaffir** troceadas

2 cucharadas de **salsa
de pescado tailandesa
(nam pla)**

½ cucharada de **azúcar moreno**

400 ml de **leche de coco**

500 ml de **caldo de verduras**

6 **berenjenas baby** cuarteadas

125 g de **tirabeques** cortados
por la mitad

750 g de **bacalao** o **abadejo**
sin piel y cortado en trozos
de 3,5 cm

150 g de **tomates cherry**
cortados por la mitad

1 puñado de **hojas de albahaca
tailandesa**

Caliente el aceite en un wok a fuego fuerte hasta que empiece a burbujear. Añada las chalotas y fríalas hasta que estén doradas y crujientes. Retírelas del wok con una espumadera y déjelas escurrir sobre papel de cocina.

Retire todo el aceite del wok menos 2 cucharadas y saltee en él la pasta de curry durante 30 segundos. Añada las hojas de lima, la salsa de pescado, el azúcar, la leche de coco y el caldo de verduras y llévelo todo a ebullición. Reduzca el fuego y déjelo cocer a fuego muy lento durante 10 minutos.

Incorpore la berenjena y déjelo cocer todo otros 5 minutos. A continuación agregue los tirabeques y el pescado y déjelo cocer durante 2 minutos. Añada los tomates y la mitad de las hojas de albahaca tailandesa. Déjelo cocer todo durante otros 2 minutos y esparza las chalotas crujientes y el resto de las hojas de albahaca por encima.

Para preparar un curry picante de mariscos, use 3 cucharadas de pasta de curry rojo tailandés (envasado o casero; *véase* pág. 80). Reduzca la cantidad de pescado blanco a 250 g. Cuando añada las virutas de coco, incluya también 150 g de gambas pequeñas crudas y 200 g de aros de calamar y siga como se indica en la receta.

ensalada de col, langostinos y cerdo

4 raciones

tiempo de preparación
    15 minutos

tiempo de cocción **10 minutos**

300 g de **col blanca** cortada
    en rodajas
12 **langostinos** cocidos y pelados
125 g de **carne de cerdo** asada
3 cucharadas de **aceite vegetal**
3 **chalotas** cortadas en rodajas
2 cucharadas de **cacahuetes**
    tostados troceados

para el **aliño**
1 **diente de ajo** majado
1 cucharada de **salsa**
    de pescado tailandesa
    (nam pla)
el zumo de 2 **limas**
1 cucharadita de **aceite**
    de sésamo
1 cucharada de **salsa de soja**
    clara
1 cucharada de **aceite**
    de cacahuete

Mezcle todos los ingredientes del aliño y resérvelo.

Cueza la col en agua hirviendo durante 2 minutos. Escúrrala y aclárela con abundante agua fría. Vuelva a escurrirla bien y colóquela en un cuenco junto con el aliño.

Añada los langostinos y el cerdo a la mezcla de col y remuévalo todo bien. Resérvelo mientras fríe las chalotas.

Caliente el aceite en un wok a fuego fuerte. Cuando el aceite empiece a burbujear, añada las chalotas y saltéelas hasta que estén doradas y crujientes. Retírelas del wok con una espumadera y déjelas escurrir sobre papel de cocina. Esparza las chalotas crujientes y los cacahuetes troceados por encima de la ensalada y sírvala.

Para preparar una ensalada de calabacín, gambas
y cerdo, sustituya la col por 1 calabacín grande cortado en rodajas. Fríalo en un wok con 1 cucharada de aceite vegetal hasta que esté tierno. Mezcle el calabacín frito con el aliño, las gambas y el cerdo. Fría las chalotas como se indica en la receta. Sustituya los cacahuetes por 1 cucharada de anacardos tostados troceados.

marisco a la pimienta fresca

4 raciones

tiempo de preparación
5 minutos

tiempo de cocción **5 minutos**

3 cucharadas de **aceite
de cacahuete**

2 **dientes de ajo** picados

4 **vieiras** cuarteadas

6 **barritas de cangrejo** cortadas
por la mitad a lo largo

200 g de **langostinos** cocidos
y pelados

1 cucharada de **salsa
de pescado tailandesa
(nam pla)**

1 cucharada de **salsa de ostras**

1 cucharada de **salsa de soja
clara**

1 cucharadita de **azúcar moreno**

2 cucharadas de **granos
de pimienta verde fresca**

Caliente el aceite en un wok a fuego fuerte hasta que empiece a burbujear. Añada el ajo y saltéelo durante unos segundos. A continuación agregue las vieiras y saltéelas durante 1 minuto, hasta que estén doradas.

Añada las barritas de cangrejo, los langostinos, la salsa de pescado, la salsa de ostras y la salsa de soja, el azúcar y los granos de pimienta en ese orden, remueva después de añadir cada ingrediente.

Déjelo cocer todo durante 1 minuto más, hasta que el pescado esté caliente y bien impregnado con la salsa. Si lo desea, sírvalo acompañado de arroz.

Para preparar arroz al coco con marisco y pimienta fresca,

prepare como se indica en la receta. Retire el wok del fuego y resérvelo. Caliente 1 cucharada de aceite de cacahuete en un wok y vierta 5 cucharadas de leche de coco. Llévelo todo a ebullición con una cucharadita de salsa de pescado. Añada después 250 g de arroz jazmín hervido y caliéntelo bien. Finalmente incorpore el marisco cocido. Déjelo cocer todo durante 30 segundos y condiméntelo con un chorrito de zumo de lima.

langostinos con chile, ajo y espinacas

4 raciones

tiempo de preparación
10 minutos

tiempo de cocción **5 minutos**

2 cucharadas de **aceite vegetal**

1 **diente de ajo** cortado en láminas

1 **chile rojo de ojo de pájaro** sin semillas y picado

300 g de **espinacas baby**

125 g de **langostinos jumbo** crudos y pelados

3 cucharadas de **salsa de soja clara**

2 cucharadas de **azúcar extrafino**

1 cucharada de **vino de arroz chino** o **jerez seco**

1 cucharada de **salsa de pescado tailandesa (nam pla)**

6 cucharadas de **agua**

flores de cebollino chino o **cebollino común** para decorar

Caliente el aceite en un wok a fuego fuerte hasta que empiece a burbujear. Añada el ajo y el chile y saltéelos durante 30 segundos.

Añada las espinacas y los langostinos y saltéelos en el aceite durante 1-2 minutos, hasta que las espinacas empiecen a ablandarse y los langostinos estén bien cocidos.

Mezcle la salsa de soja, el azúcar, el vino de arroz, la salsa de pescado y el agua y vierta la mezcla en el wok. Saltéelo todo durante 1 minuto más y sírvalo; procure que las espinacas sigan conservando su textura. Decore el plato con unas flores de cebollino chino o con un poco de cebollino.

Para preparar rape con lima y espinacas, sustituya los langostinos por 250 g de rape cortado en trozos grandes. Saltéelo junto con el ajo, el chile y las espinacas como se indica en la receta, y añada la ralladura y el zumo de 1 lima y la salsa de soja justo antes de retirar el salteado del fuego.

verduras y tofu

curry amarillo tailandés de verduras

4 raciones

tiempo de preparación
15 minutos

tiempo de cocción **30 minutos**

1 cucharada de **aceite de cacahuete**

1 **cebolla** cortada en rodajas

400 ml de **leche de coco**

200 ml de **caldo vegetal**

2 cucharadas de **pasta de curry amarillo tailandés** (envasada o casera; *véase* pág. 148)

1 cucharada de **azúcar moreno**

3 cucharadas de **salsa de pescado tailandesa (nam pla)**

750 g de **patatas nuevas**, peladas y cuarteadas

250 g de **zanahorias** cortadas en rodajas

250 g de **cogollos de coliflor**

75 g de **guisantes** frescos o congelados

1 puñado de **hojas de cilantro** para decorar

Caliente el aceite en un wok a fuego moderado. Añada la cebolla y saltéela durante 4-5 minutos, hasta que esté ligeramente dorada. Retírela del wok con una espumadera y resérvela.

Vierta la leche de coco y el caldo en el wok y suba el fuego para llevar el líquido rápidamente a ebullición. Añada la pasta de curry, el azúcar y la salsa de pescado y remuévalo todo hasta que esté bien mezclado.

Añada las patatas, las zanahorias y la cebolla frita. Reduzca el fuego y déjelo cocer todo a fuego lento durante 10 minutos. Añada la coliflor y los guisantes y déjelo cocer todo durante otros 10 minutos, hasta que las verduras estén tiernas.

Coloque la receta en un cuenco grande y espolvoree las hojas de cilantro por encima.

Para preparar curry amarillo tailandés de pollo y verduras,

prescinda de las zanahorias y de la coliflor. Cuartee 625 g de muslos de pollo deshuesados y sin piel e incorpórelos al wok junto con las patatas. Déjelo cocer a fuego lento durante 10 minutos. Añada los guisantes y complete la receta siguiendo los pasos.

salteado de espárragos y gírgolas

4 raciones

tiempo de preparación **5 minutos**
tiempo de cocción **7 minutos**

1 ½ cucharadas de **aceite
de cacahuete**

375 g de **espárragos verdes**
preparados y cortados
por la mitad en diagonal

1 **cebolla roja** cortada
en rodajas

2 **dientes de ajo** picados

125 g de **gírgolas** preparadas
y troceadas si son grandes

2 cucharadas de **vino de arroz
chino** o **jerez seco**

2 cucharadas de **caldo vegetal**
o **agua**

1 cucharada de **salsa de ostras**

1 cucharada de **vinagre de malta**

2 cucharadas de **azúcar
extrafino**

1 cucharadita de **sal**

1 cucharadita de **aceite
de sésamo**

Caliente el aceite en un wok a fuego fuerte hasta que
empiece a burbujear. Añada los espárragos y la cebolla
y saltéelos durante 2 minutos. Después añada el ajo
y las gírgolas y déjelo cocer todo, sin dejar de remover,
durante 1 minuto más.

Mezcle el vino de arroz, el caldo, la salsa de ostras, el vinagre,
el azúcar, la sal y el aceite de sésamo y vierta la mezcla
en el wok. Saltéelo todo durante 1-2 minutos, hasta que
las verduras estén bien recubiertas de una salsa aterciopelada
y sirva el plato.

Para preparar arroz con pato y espárragos, trocee
275 g de pechugas de pato y saltéelas en 2 cucharadas
de aceite de cacahuete hasta que estén ligeramente
doradas. Prescinda de las gírgolas y añada al wok los
espárragos, la cebolla y el ajo. Déjelo cocer todo durante
2 minutos. Después incorpore los ingredientes de la salsa
bien mezclados como en el segundo paso de la receta
junto con 250 g de arroz jazmín cocido. Saltéelo hasta
que el arroz esté caliente.

curry rojo tailandés de tofu y verduras

4 raciones

tiempo de preparación
15 minutos

tiempo de cocción **25-30 minutos**

450 g de **tofu firme**

1 cucharada de **aceite de colza**
o aceite de oliva

2 cucharadas de **pasta de curry
rojo tailandés** (envasada
o casera; *véase* pág.80)

1-2 **chiles verdes** cortados
en rodajas

200 ml de **leche de coco**

250 ml de **caldo de verduras**

1 **berenjena** grande a dados

12 **mazorquitas de maíz dulce**

100 g de **tirabeques**

100 g de **zanahorias** cortadas
en rodajas

125 g de **setas shiitake**
cortadas por la mitad

1 **pimiento verde** grande
cortado en rodajas

150 g de **brotes de bambú**
en conserva escurridos

1 cucharada de **salsa de
pescado tailandesa (nam pla)**

1 cucharada de **miel líquida**

2 **hojas de lima kaffir**

para la **decoración**

1 buen puñado de **hojas
de albahaca tailandesa**

1 puñado de **anacardos**
tostados

Deje escurrir el tofu y séquelo con papel de cocina antes
de cortarlo en dados de 5 cm.

Caliente el aceite en un wok a fuego fuerte hasta que empiece
a burbujear. Saltee la pasta de curry rojo y los chiles durante
1 minuto y después añada 2 cucharadas de leche de coco
(de la parte superior de la lata, más densa); déjelo cocer todo,
sin parar de remover, durante 2 minutos.

Añada el caldo y llévelo a ebullición. Agregue después
la berenjena y vuelva a llevarlo a ebullición. Déjelo cocer
a fuego lento durante unos 5 minutos. Incorpore el resto
de las verduras y déjelo cocer todo otros 5-10 minutos.
A continuación vierta la salsa de pescado, la miel, las hojas
de lima y la leche de coco restante y déjelo cocer todo
a fuego lento otros 5 minutos; remueva de vez en cuando.
Añada los cubos de tofu y mézclelo bien.

Decore el plato con unas hojas de albahaca tailandesa
troceadas y unos anacardos tostados. Si lo desea, sírvalo
acompañado de arroz jazmín o arroz de grano redondo,
con lo que se absorberá la deliciosa salsa.

Para preparar fideos con tofu y verduras, use 400 ml
de leche de coco y aumente la cantidad de caldo
a 350 ml. Añada 200 g de arroz de grano redondo hervido
junto con el tofu y déjelo cocer durante 1 minuto antes
de servir el plato, que puede decorar como se indica
en la receta anterior.

pak choi con chile y jengibre

4 raciones
tiempo de preparación
5 minutos
tiempo de cocción **5 minutos**

1 cucharada de **aceite
de cacahuete**
½ **chile** cortado en rodajas
1 cucharada de **raíz de jengibre
fresco** picada
1 pizca generosa de **sal**
500 g de hojas de **pak choi**
100 ml de **agua**
¼ de cucharada de **aceite
de sésamo**

Caliente el aceite en un wok a fuego fuerte hasta que empiece a burbujear. Añada el chile, el jengibre y la sal y saltéelos durante 15 segundos.

Añada el *pak choi* al wok y saltéelo durante 1 minuto. A continuación agregue el agua y remueva hasta que el *pak choi* esté tierno y el agua se haya evaporado. Añada el aceite de sésamo y sirva el plato inmediatamente.

Para preparar un *pak choi* con setas shiitake, chile, jengibre y salsa de ostras, cueza los ingredientes como se indica en la receta anterior y añada 250 g de setas shiitake preparadas y troceadas junto con el *pak choi* y vierta 2 cucharadas de salsa de ostras en el wok junto con el agua.

salteado picante de tempeh y verduras

4 raciones

tiempo de preparación
12 minutos

tiempo de cocción **10 minutos**

1 cucharada de **aceite de colza**
o **aceite de oliva**

2 **chiles rojos** cortados
en rodajas

2 tallos de **citronela** cortados
en rodajas

2 **hojas de lima kaffir**

1 **diente de ajo** majado

1 cucharada de **raíz de jengibre
fresco** picada

1 cucharada de **pasta
de tamarindo**

2 cucharadas de **caldo
de verduras**

2 cucharaditas de **salsa shoyu**
o **salsa tamari**

1 cucharada de **miel líquida**

500 g de **tempeh** o **tofu firme**
cortado en tiras

125 g de **mazorquitas de maíz
dulce**

125 g de **espárragos verdes**
cortados por la mitad

Caliente el aceite en un wok a fuego fuerte hasta que empiece a burbujear. Añada los chiles, la citronela, las hojas de lima, el ajo y el jengibre. Reduzca un poco el fuego y saltéelos durante 2-3 minutos.

Añada la pasta de tamarindo, el caldo, la salsa shoyu y la miel y déjelo cocer todo durante 2-3 minutos, hasta que la salsa espese y se vuelva brillante.

Incluya el tempeh, las mazorquitas de maíz y los espárragos, saltéelos durante aproximadamente 2 minutos para que se calienten bien y sirva el plato.

Para preparar langostinos con citronela y pasta de tamarindo, sustituya el tempeh o el tofu por 500 g de langostinos crudos pelados y cuézalos como se indica en la receta. Prescinda de las mazorquitas de maíz y añada en su lugar un puñado de hojas de cilantro justo antes de retirar el wok del fuego.

choi sum al ajillo

4 raciones
tiempo de preparación
5 minutos
tiempo de cocción **5 minutos**

500 g de **choi sum**
2 cucharadas de **aceite
de cacahuete**
3 **dientes de ajo** cortados
en láminas
1 cucharada de **sal**
2 cucharadas de **vino de arroz
chino** o **jerez seco**
150 ml de **agua**
1 cucharadita de **aceite
de sésamo**

Corte los extremos del choi sum 5 cm y luego el choi sum
restante en trozos de 5 cm a lo largo. Lávelo con abundante
agua fría.

Caliente el aceite en un wok a fuego fuerte hasta que
empiece a burbujear. Añada el ajo y la sal y saltéelo durante
15 segundos. Después añada el choi sum y saltéelo
durante 1 minuto.

Añada el vino de arroz y el agua y saltéelo todo durante
2-3 minutos, hasta que el choi sum esté tierno y el líquido
se haya evaporado casi por completo. Añada el aceite
de sésamo y sirva el plato inmediatamente.

Para preparar *pak choi* con castañas de agua y ajo,
siga los pasos como se indica en la receta, pero sustituya
el choi sum por 500 g de *pak choi* cortado en trozos de 5 cm
a lo largo y 4 castañas de agua en lata cortadas por la mitad.

chop suey de verduras

4 raciones

tiempo de preparación
10 minutos

tiempo de cocción **8 minutos**

1 cucharada de **harina de maíz**

1 cucharada de **salsa de soja clara**

1 cucharada de **vino de arroz chino** o **jerez seco**

3 cucharadas de **caldo de verduras** o **agua**

½ cucharadita de **miel líquida**

2 cucharadas de **aceite de cacahuete**

2 **pimientos rojos** sin semillas y cortados en tiras

2 **chalotas** cortadas en rodajas

1 cucharadita de **raíz de jengibre fresco** picada

2 **dientes de ajo** picados

150 g de **setas shiitake** preparadas y cortadas por la mitad

50 g de **brotes de bambú** en conserva escurridos

50 g de **castañas de agua** en conserva escurridas

300 g de **brotes de soja**

3 **cebollas tiernas** cortadas en trozos de 2,5 cm a lo largo

Ponga la harina de maíz en una taza junto con la salsa de soja y el vino de arroz y remuévalo todo bien hasta obtener una pasta homogénea. Añada el caldo y la miel y reserve la salsa.

Caliente el aceite en un wok a fuego fuerte hasta que empiece a burbujear. Añada los pimientos rojos, las chalotas, el jengibre y el ajo y saltéelo todo durante 2 minutos. A continuación incorpore las setas, los brotes de bambú y las castañas de agua y saltéelo todo durante otros 2 minutos.

Añada los brotes de soja al wok junto con las cebollas tiernas y la salsa. Déjelo cocer durante 1-2 minutos o hasta que las verduras presenten un brillo aterciopelado. Sirva el plato inmediatamente.

Para preparar un chop suey de ternera con col china, saltee 300 g de carne magra de ternera cortada en tiras en 2 cucharadas de aceite de cacahuete durante 2-3 minutos, hasta que esté dorada, y retírela del wok con una espumadera. Siga los pasos como se indica la receta anterior, pero prescinda de los brotes de bambú y reduzca la cantidad de brotes de soja a 150 g. Cuando incluya las setas, añada también 200 g de hojas de col china troceadas. Vuelva a poner la ternera en el wok cuando incorpore la salsa.

verduras con salsa de chile dulce

4 raciones
tiempo de preparación
10 minutos
tiempo de cocción **5 minutos**

250 g de **champiñones**
pequeños preparados
y cortados por la mitad
2 cucharadas de **harina de maíz**
2 cucharadas de **aceite**
de cacahuete
1 cucharada de **raíz de jengibre**
fresco picada
2 **dientes de ajo** cortados
en láminas
½ cucharadita de **sal**
2 **pimientos rojos** sin semillas
y troceados
4 cabezas pequeñas de ***pak choi***
cortadas por la mitad a lo largo
2 cucharadas de **vino de arroz**
chino o **jerez seco**
1 cucharada de **salsa de soja**
oscura
1 cucharada de **salsa de chile**
dulce
4 **cebollas tiernas** cortadas
en rodajas

Coloque los champiñones en un cuenco junto con la harina de maíz y remuévalos hasta que queden bien recubiertos de harina. Resérvelos.

Caliente el aceite en un wok a fuego fuerte hasta que empiece a burbujear. Añada el jengibre, el ajo y la sal y saltéelo todo durante unos segundos. Incorpore los champiñones, los pimientos rojos y el *pak choi* y saltéelo todo durante 2-3 minutos, hasta que las verduras estén tiernas.

Vierta el vino de arroz, la salsa de soja, la salsa de chile dulce, e incluya las cebollas tiernas. Déjelo cocer todo durante 1 minuto, hasta que la salsa espese.

Para preparar arroz con especias, verduras y salsa de ostras, cueza las verduras como se indica en la receta sin añadir la sal. Añada 4 cucharadas de salsa de ostras y 300 g de arroz jazmín tailandés cocido junto con el vino de arroz, la salsa de soja y las cebollas tiernas. Sustituya la salsa de chile dulce por 2 cucharadas de aceite de chile chino.

ensalada aromática de zanahoria y frutos secos

6 raciones

tiempo de preparación **10 minutos**

tiempo de cocción **10 minutos**

2 cucharadas de **aceite de cacahuete**

3 cucharadas de **anacardos**

3 cucharadas de **cacahuetes**

¼ de cucharadita de **sal**

1 **chile verde** sin semillas y picado

1 cucharadita de **raíz de jengibre fresco** picada

500 g de **zanahorias** ralladas

3 **chalotas** cortadas en rodajas

la ralladura y el zumo de 1 **lima**

½ cucharadita de **aceite de sésamo**

1 puñado de **hojas de menta**

1 puñado de **hojas de cilantro**

Caliente el aceite en un wok a fuego moderado. Añada los frutos secos y saltéelos durante 3-4 minutos o hasta que estén dorados.

Añada la sal, el chile y el jengibre y saltéelos durante 30 segundos. A continuación, coloque en un cuenco las zanahorias, las chalotas, la ralladura y el zumo de lima, el aceite de sésamo y las hierbas aromáticas y mézclelo bien todo. Resérvelo hasta que los frutos secos se hayan enfriado y sírvalo como acompañamiento.

Para preparar una ensalada de tataki de atún con frutos secos, cueza los frutos secos junto con la sal, el chile y el jengibre siguiendo los pasos como se indica en la receta. A continuación añada 1 puñado de hojas de cilantro y 75 g de roqueta silvestre. Condiméntelo todo con el zumo de lima y el aceite de sésamo. Cocine en una sartén o a la plancha un filete de atún grueso de 250 g durante 1 minuto por cada lado, córtelo después en láminas y mézclelo con cuidado con la roqueta y los frutos secos.

coliflor picante al estilo malasio

4 raciones

tiempo de preparación
10 minutos

tiempo de cocción **10 minutos**

2 cucharadas de **aceite
de cacahuete**
1 **chile rojo** sin semillas
y picado
1 **cebolla** cortada en rodajas
gruesas
2 **dientes de ajo** picados
1 cucharadita de **pasta
de gamba deshidratada**
1 cucharadita de **sal**
500 g de **coliflor** cortada en
cogollos y después en rodajas
3 cucharadas de **agua**

Caliente el aceite en un wok a fuego fuerte hasta que empiece a burbujear. Añada el chile, la cebolla y el ajo y saltéelos durante 1 minuto.

Añada la pasta de gamba (use el reverso de una cuchara para romperla). Saltéela durante 1 minuto y después incorpore la sal y la coliflor. Remuévalo bien todo para que se mezclen todos los sabores y después rocíelo todo con el agua. Tape el wok y déjelo cocer al vapor durante 3-4 minutos, hasta que la coliflor esté tierna.

Para preparar una sopa picante de coliflor, empiece como se indica en la receta, pero añada, además, 250 g de patatas harinosas peladas y cortadas en dados junto con la coliflor. Una vez que se hayan mezclado todos los sabores, vierta 1 l de caldo de verduras. Déjelo cocer todo a fuego lento durante 15 minutos y después tritúrelo hasta obtener una textura uniforme. Sirva el plato con un chorrito de aceite de chile.

verduras con salsa de judías amarillas

4 raciones
tiempo de preparación
5 minutos
tiempo de cocción **6-7 minutos**

2 cucharadas de **aceite**
  de cacahuete
1 cucharadita de **raíz**
  de jengibre fresco picada
2 **dientes de ajo** cortados
  en láminas
½ cucharadita de **sal**
200 g de **brotes de bambú**
  en conserva escurridos
300 g de **cogollos de brécol**
2 cucharadas de **salsa de judías**
3 cucharadas **de vino de arroz**
  chino o **jerez seco**
4 cucharadas de **agua**

Caliente el aceite en un wok a fuego fuerte hasta que empiece a burbujear. Añada el jengibre, el ajo y la sal y saltéelos durante 30 segundos. A continuación incorpore los brotes de bambú y el brécol y saltéelos durante 2 minutos.

Añada la salsa de judías y déjela cocer durante 1 minuto. Después agregue el vino de arroz y el agua. Continúe salteando hasta que las verduras estén cubiertas de una salsa aterciopelada. Sirva el plato inmediatamente. Si lo desea, acompáñelo con arroz.

Para preparar arroz con brécol salteado, siga los pasos como se indica en la receta, pero prescinda de los brotes de bambú y la salsa de judías. Una vez terminada la receta, añada 250 g de arroz jazmín y saltéelo todo hasta que esté caliente. Retire el wok del fuego, vierta ¼ de cucharadita de aceite de sésamo y remuévalo bien.

col china en salsa picante

4 raciones

tiempo de preparación
5 minutos

tiempo de cocción **4 minutos**

2 cucharadas de **aceite
de cacahuete**

6 rodajas de 1 cm de **raíz
de jengibre fresco**

2 **dientes de ajo** cortados
en láminas

1 cucharadita de **sal**

300 g de **hojas de col china**
cortadas en trozos de 3,5 cm

3 cucharadas de **vino de arroz
chino** o **jerez seco**

1 cucharada de **salsa de ostras**

1 cucharada de **vinagre
de malta**

2 cucharadas de **azúcar
extrafino**

½ cucharadita de **aceite
de sésamo**

Caliente el aceite en un wok a fuego fuerte hasta que empiece
a burbujear. Añada el jengibre, el ajo y la sal y saltéelos durante
30 segundos.

Añada la col china y saltéela durante 30 segundos.
A continuación agregue el vino de arroz, la salsa de ostras,
el vinagre, el azúcar y el aceite y saltéelo todo durante
otros 2 minutos, hasta que la col esté tierna.

Para preparar gambas picantes con col china y frutos
secos, fría 1 chile rojo cortado en rodajas y 200 g de
gambas crudas peladas junto con el jengibre, el ajo y la sal.
Añada las hojas de col china y el resto de los ingredientes
y termine la receta espolvoreando 2 cucharadas de anacardos
tostados picados por encima.

tofu con setas

4 raciones

tiempo de preparación
10 minutos

tiempo de cocción **10 minutos**

450 g de **tofu firme**

aceite vegetal para freir

1 cucharadita de **raíz
de jengibre fresco** picada

2 **dientes de ajo** picados

200 g de **setas shiitake**
preparadas (las grandes
cortadas por la mitad)

125 g de **guisantes dulces**
cortados por la mitad

2 cucharadas de **salsa de ostras**

2 cucharadas de **vino de arroz
chino** o **jerez seco**

1 **chile rojo** sin semillas
y cortado en rodajas finas
(para decorar)

Deje escurrir el tofu y séquelo con papel de cocina antes de cortarlo en 20 dados iguales. Resérvelos. Vierta suficiente aceite en un wok para freír el tofu y caliéntelo a 190 °C o hasta que un trozo de pan se dore en el aceite en 20 segundos. Añada la mitad del tofu y fríalo hasta que esté esponjoso y dorado. Retírelo del wok con una espumadera y déjelo escurrir sobre papel de cocina. Fría el resto del tofu de la misma forma. Resérvelo.

Retire todo el aceite del wok menos 2 cucharadas y póngalo sobre un fuego a la máxima potencia. Añada el jengibre y el ajo y saltéelos durante unos segundos. Añada las setas y los guisantes dulces.

Saltéelo todo durante 2 minutos. A continuación vuelva a poner el tofu en el wok y después añada la salsa de ostras y el vino de arroz. Déjelo cocer todo, mientras remueve, durante 1 o 2 minutos más hasta que el tofu quede bien impregnado de la salsa. Retire el wok del fuego y decore el plato con unas rodajas de chile.

Para preparar gambas con setas shiitake y guisantes, prescinda del tofu y fría el ajo y el jengibre como se indica en la en la receta. A continuación añada 250 g de gambas crudas peladas, 200 g de setas shiitake troceadas y 125 g de guisantes frescos o descongelados en lugar de los guisantes dulces. Complete la receta siguiendo los pasos.

col rizada con chile

4 raciones
tiempo de preparación
8 minutos
tiempo de cocción **17 minutos**

1 cucharada de **aceite de oliva**
1 **diente de ajo** majado
1 **cebolla blanca** grande picada
500 g de **col verde rizada** con
   las hojas troceadas y sin tallo
2 cucharaditas de **zumo de lima**
1 **chile rojo** sin semillas
   y picado
1 cucharadita de **sal**
½ cucharadita de **pimienta
negra**

Caliente el aceite en un wok a fuego moderado. Añada el ajo y la cebolla y saltéelos durante 10 minutos o hasta que la cebolla se vuelva translúcida. Incorpore la col rizada y saltéelo todo durante otros 5 minutos.

Vierta el zumo de lima y el chile en el wok. Salpimiente el plato al gusto y sírvalo inmediatamente.

Para preparar col con chile, sustituya la col rizada por 500 g de col. Retire los tallos y las hojas externas más duras. Trocee las hojas antes de freírlas junto con el ajo y la cebolla. Termine la receta siguiendo los pasos. Este plato también puede prepararse con col silvestre.

tofu con verduras y salsa de ostras

4 raciones

tiempo de preparación
10 minutos

tiempo de cocción **12 minutos**

450 g de **tofu firme**

200 ml de **aceite vegetal**

1 cucharadita de **raíz de jengibre fresco** picada

2 **dientes de ajo** picados

5 **cebollas tiernas** cortadas en trozos de 2,5 cm

50 g de **castañas de agua** en conserva cortadas por la mitad

75 g de **tirabeques** cortadas por la mitad en diagonal

½ **cebolla roja** cortada en rodajas finas

1 cucharada de **aceite de sésamo**

para la **salsa de ostras**

1 ½ cucharadas de **vino de arroz chino** o **jerez seco**

3 cucharadas de **caldo de pollo** o **agua**

1 cucharada de **salsa de ostras**

2 cucharaditas de **salsa de soja clara**

2 cucharaditas de **azúcar extrafino**

2 cucharaditas de **vinagre de malta**

½ cucharadita de **sal**

Mezcle todos los ingredientes de la salsa de ostras y resérvela.

Deje escurrir el tofu y séquelo con papel de cocina antes de cortarlo en 20 dados iguales. Vierta suficiente aceite en el wok para freír el tofu y caliéntelo a 190 °C o hasta que un trozo de pan se dore en el aceite en 20 segundos. Añada la mitad del tofu y fríalo hasta que esté esponjoso y dorado. Retírelo del wok con una espumadera y déjelo escurrir sobre papel de cocina. Fría el resto del tofu de la misma forma. Resérvelo.

Retire todo el aceite del wok menos 2 cucharadas y póngalo sobre un fuego a la máxima potencia. Añada el jengibre y el ajo y las cebollas tiernas y saltéelos durante unos segundos. Incorpore después las castañas de agua, los tirabeques y la cebolla roja. Saltéelos durante 2 minutos, hasta que se reblandezcan, y finalmente añada la salsa.

Saltéelo todo durante 1 minuto más y vuelva a colocar el tofu en el wok. Rocíelo todo con el aceite de sésamo y déjelo cocer, mientras remueve, durante 1 minuto para que el tofu absorba el sabor de la salsa. Sirva el plato inmediatamente.

Para preparar un salteado de cerdo con especias

y tofu, mezcle los ingredientes de la salsa de ostras y fría el tofu como se indica en la receta. Saltee 125 g de filete de cerdo cortado en finas rodajas en 2 cucharadas de aceite vegetal. A continuación añada 1 cucharadita de chile picante en polvo y el ajo, el jengibre y las cebollas tiernas. Continúe la receta siguiendo los pasos de la anterior, pero sin incluir las castañas de agua.

tofu con chile y tamarindo

4 raciones

tiempo de preparación
10 minutos

tiempo de cocción **5 minutos**

1 cucharada de **raíz de jengibre
fresco** picada

1 tallo de **citronela** picado

2 **dientes de ajo** picados

2 **chiles de ojo de pájaro**
picados

1 cucharadita de **pasta
de gamba deshidratada**

2 cucharaditas de **pasta
de tamarindo**

1 cucharadita de **sal**

1 cucharadita de **azúcar
extrafino**

450 g de **tofu firme**

2 cucharadas de **aceite
de cacahuete**

150 g de **judías verdes** picadas

25 g de **cacahuetes tostados**
troceados para decorar

Triture todos los ingredientes incluidos en la lista, hasta el azúcar, en una picadora hasta obtener una pasta. Coloque la pasta en un plato llano.

Deje escurrir el tofu y séquelo con papel de cocina. Córtelo en 20 dados iguales e incorpórelos con cuidado a la pasta. Deje marinar el tofu durante 1 hora.

Caliente el aceite en un wok a fuego fuerte hasta que empiece a burbujear. Añada el tofu y saltéelo durante 2-3 minutos, hasta que esté dorado. Incorpore las judías verdes y déjelas cocer durante 30 segundos. Decore el plato con unos cacahuetes troceados.

Para preparar langostinos con chile y tamarindo,

sustituya el tofu por 250 g de langostinos. Prepare la pasta como se indica en la receta y ponga a marinar las gambas en la pasta durante 1 hora. Saltéelas y añada las judías verdes picadas como se indica en la receta. Prescinda de los cacahuetes y en su lugar decore el plato con unas hojas de cilantro y unas rodajas de lima.

salteado de *pak choi* con setas

4 raciones

tiempo de preparación **3 minutos**
tiempo de cocción **10 minutos**

½ cucharada de **aceite de colza**
   o **aceite de oliva**
500 g de ***pak choi*** cortados
   por la mitad a lo largo
20 **setas shiitake** preparadas
   y cortadas por la mitad
1 cucharadita de **salsa shoyu**
   o **salsa tamari**
1 cucharada de **vino de arroz**
   chino o **jerez seco**
3 cucharadas de **caldo vegetal**
½ cucharada de **harina de maíz**
   mezclada con 1 cucharada
   de **agua**

Caliente el aceite en un wok a fuego fuerte hasta que empiece
a burbujear. Añada el *pak choi* por puñados y remueva de vez
en cuando. Tape el wok y déjelo cocer durante 2-3 minutos,
hasta que las hojas del *pak choi* se reblandezcan un poco.
Retírelas del wok y colóquelas en una fuente.

Vuelva a colocar el wok sobre el fuego, añada las setas
y saltéelas a fuego fuerte durante 30 segundos. Agregue
la salsa shoyu, el vino de arroz y el caldo de verduras
y remuévalo todo para que se mezcle bien. Añada poco
a poco la pasta de harina de maíz, sin parar de remover,
hasta que la salsa haya espesado.

Vierta las setas y la salsa sobre el *pak choi* y sirva el plato
inmediatamente.

Para preparar brécol con setas y salsa picante,

sustituya el *pak choi* por 500 g de cogollos pequeños
de brécol. Caliente 1 cucharada de aceite en un wok
a fuego fuerte, añada el brécol junto con 4 cucharadas
de agua y saltéelo durante 2-3 minutos. A continuación
agregue las setas. Pasados 30 segundos, añada
el resto de ingredientes y también 2 cucharadas de salsa
de ostras junto con la salsa shoyu. Incorpore finalmente
1 cucharada de aceite de chile chino justo antes de servir.

arroz y fideos

arroz frito con huevo

guarnición para **4 raciones**
tiempo de preparación
5 minutos
tiempo de cocción **4 minutos**

4 **huevos**
2 cucharaditas de **raíz
de jengibre fresco** picada
1 ½ cucharadas de **salsa
de soja clara**
2 cucharadas de **aceite
de cacahuete**
300 g de **arroz jazmín** hervido
(200 g de arroz crudo)
2 **cebollas tiernas** cortadas
en rodajas finas
¼ de cucharadita de **aceite
de sésamo**

Coloque los huevos, el jengibre y la mitad de la salsa de soja
en un cuenco y bátalo suavemente para mezclarlo todo bien.

Caliente el aceite en un wok a fuego fuerte hasta que empiece
a burbujear. Vierta la mezcla de huevo en el wok y déjela cocer
durante 30-60 segundos; vaya revolviéndola con una espátula,
hasta que cuaje.

Añada el arroz cocido frío, las cebollas tiernas, el aceite
de sésamo y la salsa de soja restante y saltéelo todo durante
1-2 minutos, hasta que el arroz empiece a humear.

Para preparar arroz frito con col china y chile, siga
los pasos de la receta anterior, y añada 1 chile rojo cortado
en rodajas y 125 g de hojas de col china cortadas en juliana
cuando el arroz esté caliente. Saltéelo todo durante otros
30 segundos.

arroz frito con gambas

guarnición para **4 raciones**
tiempo de preparación
5 minutos
tiempo de cocción **7 minutos**

1 cucharada de **aceite de colza**
o **aceite de oliva**
500 g de **langostinos jumbo**
crudos y pelados
50 g de **setas shiitake**
o **champiñones botón**
preparados y cortados
por la mitad
1 **calabacín** cortado en rodajas
finas
1 **zanahoria** pequeña cortada
en rodajas finas
50 g de **judías verdes** cortadas
en trozos de 2,5 cm
300 g de **arroz jazmín** cocido
frío (200 g de arroz crudo)
2 cucharadas de **salsa shoyu**
o **salsa tamari**
1 cucharadita de **pimienta
negra** recién molida
1 **cebolla tierna** cortada
en rodajas finas para decorar

Caliente el aceite en un wok a fuego fuerte hasta que empiece a burbujear. Saltee las gambas durante 1 minuto, retírelas del wok con una espumadera y resérvelas.

Añada las setas, el calabacín, la zanahoria y las judías verdes y saltéelos durante 2 minutos a fuego fuerte. Incorpore el arroz cocido frío y la salsa shoyu, condiméntelo todo con pimienta y mézclelo bien.

Vuelva a poner las gambas en el wok y saltee la mezcla de arroz durante 2 minutos. Decore el plato con unas rodajas de cebolla tierna y sírvalo.

Para preparar una sopa de gambas, arroz y setas,
saltee las gambas y las verduras como se indica en la receta. Cuando las verduras estén cocidas, añada al wok 750 ml de caldo de verduras, ½ cucharadita de azúcar extrafino, 2 cucharadas de salsa shoyu y 2 rodajas gruesas de raíz de jengibre fresco. Déjelo hervir todo durante 10 minutos. A continuación añada el arroz, vuelva a poner las gambas en el wok y condimente con pimienta. Déjelo cocer a fuego lento hasta que el arroz esté caliente. Decore el plato con unos aros de cebolla tierna y sírvalo.

arroz frito chino de cerdo y gambas

guarnición para **4 raciones**
tiempo de preparación
5 minutos
tiempo de cocción **5 minutos**

4 **huevos**
1 ½ cucharaditas de **aceite
de sésamo**
2 cucharaditas de **salsa de soja
clara**
1 pizca de **sal**
1 cucharada de **aceite
de cacahuete**
125 g de **gambas** crudas
peladas
125 g de **jamón cocido** cortado
en lonchas
1 cucharada de **raíz de jengibre
fresco** picada
2 **dientes de ajo** majados
5 **cebollas tiernas** cortadas
en rodajas finas
300 g de **arroz jazmín** cocido
frío (200 g de arroz crudo)

Coloque los huevos, 1 cucharadita de aceite de sésamo,
la salsa de soja y la sal en un cuenco y bata la mezcla
suavemente para mezclarlo bien.

Caliente ½ cucharada de aceite de cacahuete en un wok
a fuego fuerte hasta que empiece a burbujear. Vierta la
mezcla de huevo y déjela cocer durante 30-60 segundos;
vaya removiéndola con una espátula hasta que cuaje.
Retire la mezcla del wok y resérvela aparte.

Vuelva a colocar el wok sobre el fuego y caliente el aceite
restante. Añada las gambas, el jamón cocido, el jengibre y
el ajo y saltéelo todo durante 1 minuto, hasta que las gambas
se vuelvan rosadas. Incorpore las cebollas tiernas, el arroz cocido,
la mezcla de huevo y el resto de aceite de sésamo y saltéelo todo
durante 1-2 minutos, hasta que el arroz empiece a humear.

Para preparar arroz frito con pollo, prescinda de las
gambas y del jamón cocido. Cueza los huevos como
se indica en la receta y retírelos del wok. Después caliente
1 cucharada de aceite de cacahuete y saltee el jengibre,
el ajo y 250 g de pechugas de pollo troceadas durante
2-3 minutos. Añada 2 cucharadas de salsa de ostras
y déjelo cocer todo durante 1 minuto. Finalmente agregue
las cebollas tiernas y complete el plato siguiendo los pasos
como se indica en la receta.

arroz frito tailandés con pollo y albahaca

guarnición para **4 raciones**
tiempo de preparación
   5 minutos
tiempo de cocción **7 minutos**

150 g de **carne de pollo** picada
2 cucharadas de **aceite
   de cacahuete**
2 **dientes de ajo** picados
2 **chalotas** cortadas en rodajas
   finas
2 **chiles de ojo de pájaro**
   picados
1 **pimiento rojo** sin semillas
   y cortado en pequeños dados
2 cucharadas de **salsa
   de pescado tailandesa
   (nam pla)**
½ cucharadita de **azúcar
   moreno**
1 ½ cucharadas de **salsa
   de soja clara**
300 g de **arroz jazmín cocido**
   frío (200 g de arroz crudo)
1 buen puñado de **hojas
   de albahaca tailandesa**

Desmenuce la carne picada con un tenedor y resérvela.

Caliente el aceite en un wok a fuego fuerte hasta que empiece
a burbujear. Añada el ajo, las chalotas, el chile y el pimiento
rojo y saltéelo todo durante 30 segundos. A continuación
agregue el pollo, la salsa de pescado, el azúcar y la salsa
de soja. Saltéelo todo durante 3-4 minutos, hasta que el pollo
esté ligeramente dorado.

Añada el arroz cocido y la albahaca y remuévalo con cuidado
hasta que el arroz empiece a humear y se empiece a liberar
el aroma de la albahaca.

**Para preparar arroz frito con dados de cerdo y hierbas
aromáticas**, corte 200 g de carne magra de cerdo en dados
pequeños y añádalos a la receta en lugar del pollo. Cueza
los ingredientes como se indica en la receta, pero reduzca
a la mitad la cantidad de albahaca y añada un puñado de hojas
de cilantro y 6 hojas de menta troceadas.

arroz frito con verduras y cerdo asado

4 raciones

tiempo de preparación **5 minutos**
tiempo de cocción **8 minutos**

500 g de **filete de cerdo**
   deshuesado y sin piel
2 cucharadas de **vinagre chino**
   de vino tinto o **vinagre**
   balsámico
1 cucharada de **semillas**
   de hinojo
½ cucharada de **aceite de oliva**
1 cucharada de **granos de**
   pimienta de Sichuan

para el **arroz frito con verduras**
2 cucharadas de **aceite**
   de cacahuete
150 g de **zanahorias** cortadas
   en dados
1 **huevo** batido
300 g de **arroz cocido** frío
   (*véase* derecha)
100 g de **guisantes**
   descongelados
100 g de **maíz dulce** en lata
   escurrido
100 g de trozos de **piña**
   en almíbar escurrida
1 cucharada de **salsa shoyu**
   o **salsa tamari**
½ cucharadita de **pimienta**
   blanca
2 cucharadas de **cebolla tierna**
   picada

Ponga la carne en una bandeja para el horno junto con el vinagre, las semillas de hinojo y el aceite de oliva. Esparza los granos de pimienta machacados por encima y déjela marinar durante 30 minutos.

Precaliente el horno a 220 °C y cueza la carne durante 40 minutos.

Caliente el aceite en un wok a fuego medio. Saltee las zanahorias durante 1 minuto y después añada el huevo batido.

Añada el arroz cocido, los guisantes, el maíz dulce y la piña y saltéelo todo durante unos 5 minutos. Condimente con salsa shoyu o tamari y pimienta blanca. Incorpore finalmente las cebollas tiernas y sirva el plato con la carne asada.

Para preparar un arroz cocido perfecto para 4 personas, ponga 200 g de arroz jazmín o arroz de grano largo en un colador y aclárelo con abundante agua fría; frote bien los granos con las manos para eliminar cualquier exceso de almidón. Ponga el arroz en una cazuela y añada agua hasta 2,5 cm por encima del nivel del arroz. Coloque la cazuela sobre el fuego más pequeño y lleve el agua a ebullición. Remueva el arroz, reduzca el fuego y déjelo cocer a fuego lento. Tape la cazuela y déjelo cocer durante 10 minutos más. Apague el fuego y deje que el arroz se cueza al vapor con la tapa puesta durante otros 10 minutos. Durante este tiempo evite levantar la tapa. Para servir el arroz, separe los granos con un tenedor.

nasi goreng de gambas

4 raciones

tiempo de preparación
10 minutos

tiempo de cocción **13 minutos**

5 cucharadas de **aceite de cacahuete**

2 **huevos** batidos

4 **chalotas** cortadas en rodajas

1 **chile rojo** sin semillas y cortado en tiras finas

1 cucharada de **raíz de jengibre fresco** picada

1 cucharadita de **cilantro** picado

1 cucharadita de **pimentón dulce**

1 **zanahoria** cortada en dados

300 g de **col blanca** cortada en rodajas finas

1 cucharada de **salsa de soja clara**

1 cucharada de **kétchup**

300 g de **arroz jazmín** cocido frío (200 g de arroz crudo)

200 g de **gambas** cocidas peladas

1 cucharada de **cebollino** picado

Caliente 1 cucharada de aceite en un wok a fuego moderado. Añada los huevos batidos y mueva el wok para que se forme una capa fina de huevo sobre la superficie de la sartén. Déjelo cuajar durante unos 30 segundos, separe los bordes con una paleta para pescado y dele la vuelta. Déjelo cocer por el otro lado durante 10 segundos y colóquelo sobre una tabla de cortar. Enróllelo y córtelo en tiras. Resérvelos.

Caliente el wok a fuego medio. Añada el resto del aceite y, cuando empiece a burbujear, saltee las chalotas durante 4-5 minutos hasta que estén doradas y crujientes. Retírelas del wok con una espumadera y déjelas escurrir sobre papel de cocina. Resérvelas.

Retire todo el aceite del wok menos 1 cucharada. Añada el chile, el jengibre, el cilantro picado y el pimentón dulce y saltéelo todo durante 30 segundos. Añada la zanahoria y la col y saltéelo todo otros 2 minutos. A continuación, añada la salsa de soja y el kétchup. Déjelo cocer durante 1 minuto y después añada el arroz cocido frío, las gambas y la mitad del cebollino picado. Déjelo cocer todo durante otros 2 minutos, hasta que el arroz empiece a humear. Sirva el plato decorado con las chalotas fritas, las tiras de huevo y el cebollino restante.

Para preparar nasi goreng de pollo con pepino, prescinda de las gambas y siga los 2 primeros pasos de la receta. Corte 300 g de pechugas de pollo deshuesadas y sin piel en pequeños dados y fríalos junto con el chile, el jengibre fresco y las especias antes de completar la receta. Corte 1 trozo de 5 cm de pepino en 4 trozos a lo largo y después en finas rodajas. Esparza el pepino sobre el plato justo antes de decorarlo como en la receta anterior.

arroz frito con ternera y verduras

4 raciones
tiempo de preparación
   10 minutos
tiempo de cocción **8 minutos**

2 cucharadas de **aceite
   de cacahuete**
2 **dientes de ajo** majados
2 **chiles de ojo de pájaro**
   picados
2 **chalotas** cortadas en rodajas
   finas
250 g de **carne magra de
   ternera** cortada en finas tiras
1 **pimiento verde** sin semillas
   y cortado en tiras
125 g de **mazorquitas de maíz**
   cortadas por la mitad a lo largo
125 g de **setas de paja**
   preparadas
2 cucharadas de **salsa
   de pescado tailandesa
   (nam pla)**
½ cucharadita de **azúcar
   moreno**
1 cucharada de **salsa de soja
   clara**
300 g de **arroz jazmín** cocido
   frío (200 g de arroz crudo)
4 **cebollas tiernas** cortadas
   en aros finos
1 puñado de **hojas de cilantro**
   troceadas

Caliente el aceite en un wok a fuego fuerte hasta que empiece a burbujear. Añada el ajo, los chiles, las chalotas y la ternera y déjelo cocer todo durante 2-3 minutos, hasta que la ternera empiece a adquirir color. Añada el pimiento, el maíz dulce y las setas y déjelo cocer todo otros 2 minutos.

Añada la salsa de pescado, el azúcar y la salsa de soja y déjelo cocer durante unos segundos. A continuación, incorpore el arroz cocido y las cebollas tiernas y saltéelas hasta que el arroz empiece a humear. Añada el cilantro y sirva el plato.

Para preparar arroz frito oriental con verduras, prescinda de la ternera. Cueza el ajo, el chile y las chalotas durante unos segundos. Después añada las verduras y también 125 g de cogollos de brécol cortados en rodajas y 75 g de brotes de soja. Complete el plato siguiendo los pasos como se indica en la receta anterior.

fideos picantes

4 raciones

tiempo de preparación
10 minutos

tiempo de cocción **10 minutos**

250 g de **fideos de arroz finos deshidratados**

2 cucharaditas de **aceite de sésamo**

2 cucharadas de **aceite de cacahuete**

3 **dientes de ajo** majados

1 cucharada de **raíz de jengibre fresco** picada

1 **cebolla roja** en rodajas finas

1 **chile rojo** cortado en finas tiras

75 g de **setas shiitake**

150 g de **jamón cocido**

150 g de **gambas** cocidas peladas

75 g de **guisantes frescos**

200 g de **brotes de soja**

4 **cebollas tiernas** cortadas en rodajas finas

1 puñado de **hojas de cilantro** troceadas

para la **salsa picante**

1 ½ cucharadas de **pasta de curry Madrás**

2 cucharadas de **salsa de soja clara**

2 cucharadas de **vino de arroz chino** o **jerez seco**

½ cucharadita de **sal**

Mezcle todos los ingredientes de la salsa picante y resérvela.

Cueza los fideos en una cazuela grande con agua hirviendo siguiendo las instrucciones del envase. Aclárelos con abundante agua fría. Déjelos escurrir y colóquelos en un cuenco junto con el aceite de sésamo.

Caliente el aceite de cacahuete en un wok a fuego fuerte hasta que empiece a burbujear. Añada el ajo, el jengibre, la cebolla y el chile y remuévalo bien todo. Incorpore las setas cortadas en dados y saltéelas durante 1 minuto. A continuación, añada el jamón cocido, las gambas, los guisantes y los brotes de soja. Saltéelo todo durante 1 minuto.

Incorpore la salsa picante y mezcle bien todos los ingredientes. Después añada los fideos cocidos, las cebollas tiernas y el cilantro. Saltéelo todo hasta que los fideos estén calientes y sírvalos.

Para preparar unos fideos picantes de lujo, sustituya las gambitas por 200 g de langostinos crudos pelados y 150 g de vieiras cuarteadas. Deje las setas shiitake enteras. Cueza los ingredientes como se indica en la receta anterior, y añada los langostinos y las vieiras junto con las setas. Cuézalo todo durante 2 minutos más antes de incluir el resto de ingredientes.

fideos salteados al estilo tailandés

4 raciones

tiempo de preparación
12 minutos

tiempo de cocción **12 minutos**

125 g de **fideos de arroz finos deshidratados**

2 cucharadas de **aceite de colza** o **aceite de oliva**

2 **dientes de ajo** majados

1 cucharada de **raíz de jengibre fresco** picada

1 cucharada colmada de **pasta de curry media**

250 g de **mazorquitas de maíz dulce**

250 g de **col alargada** cortada en rodajas finas

1 **pimiento rojo** pequeño, sin semillas y cortado en rodajas finas

1 ½ cucharaditas de **salsa de pescado tailandesa (nam pla)**

2 cucharaditas de **salsa shoyu** o **salsa tamari**

60 ml de **leche de coco** light en lata

100 g de **cacahuetes tostados sin sal** troceados

2 cucharadas de **hojas de cilantro** picadas (y unas cuantas para decorar)

4 **cebollas tiernas** cortadas en rodajas finas

2 cucharadas de **zumo de lima**

Ponga los fideos de arroz en un cuenco con agua hirviendo. Tápelos y déjelos en remojo durante 5 minutos para que se reblandezcan. Escúrralos y resérvelos.

Caliente el aceite en un wok a fuego fuerte hasta que empiece a burbujear. Añada el ajo, el jengibre y la pasta de curry y saltéelo todo durante 2-3 minutos, hasta que las especias empiecen a desprender su aroma.

Añada las mazorquitas, la col y el pimiento rojo y saltéelo todo durante aproximadamente 5 minutos o hasta que la col empiece a reblandecerse.

Añada la salsa de pescado, la salsa shoyu y la leche de coco. Remuévalo para que se mezclen bien todos los ingredientes. A continuación, añada los fideos de arroz y saltéelos hasta que estén calientes. Apague el fuego e incorpore los cacahuetes, el cilantro, las cebollas tiernas y el zumo de lima. Decore el plato con unas ramitas de cilantro.

Para preparar fideos a la lima con salmón ahumado picante, siga los pasos como se indica la receta, pero añada además la ralladura de 2 limas al agua de los fideos y 200 g de salmón ahumado picante troceado al wok junto con los fideos de arroz.

fideos de arroz con gambas aromáticas

4 raciones
tiempo de preparación
10 minutos
tiempo de cocción **7 minutos**

400 g de **langostinos jumbo**
   crudos pelados
2 cucharadas de **aceite de oliva**
400 g de **fideos de arroz finos**
   deshidratados
4 **dientes de ajo** picados
3 **chiles rojos** picados
2 **ramitas de citronela** picadas
2 **cebollas** cortadas en rodajas
6 **tallos de apio** cortados
   en rodajas
4 cucharaditas de **salsa shoyu**
3 **cebollas tiernas** cortadas
   en rodajas
pimienta negra

para la **salsa de pescado y limón**
2 **chiles rojos** picados
½ **diente de ajo** majado
60 ml de **zumo de limón**
60 ml de **salsa de pescado**
   tailandesa
3 cucharadas de **azúcar moreno**
125 ml de **agua**

para la **decoración**
4 cucharadas de **cacahuetes**
   tostados sin sal troceados
2 **chiles rojos** abiertos

Mezcle los langostinos con 1 cucharada de aceite de oliva en un cuenco pequeño y resérvelos.

Ponga en remojo los fideos de arroz en agua caliente y déjelos reposar durante 5-10 minutos, hasta que se reblandezcan. Escúrralos bien, colóquelos en una fuente y manténgalos calientes.

Prepare la salsa de limón y pescado mezclando todos los ingredientes en un cuenco. (Puede conservar la salsa que no utilice en un recipiente hermético en el refrigerador durante una semana.)

Caliente un wok hasta que esté muy caliente. Añada los langostinos en aceite y saltéelos por ambos lados durante 30 segundos, hasta que estén dorados. Retírelos con una espumadera y resérvelos.

Caliente el aceite restante en el wok, moviéndolo para que el aceite se extienda bien por toda la superficie. Añada el ajo, los chiles y la citronela y saltéelos durante unos 30 segundos, hasta que el ajo esté ligeramente dorado. Añada las cebollas y el apio y saltéelo todo durante un par de minutos, hasta que se reblandezcan un poco.

Vuelva a introducir los langostinos en el wok. Añada la salsa shoyu y las cebollas tiernas y condiméntelo todo con pimienta. Coloque todos los ingredientes sobre los fideos y rocíelos con 3 cucharadas de la salsa de pescado y limón. Decore el plato con los cacahuetes picados y los chiles rojos y sírvalo acompañado de la salsa restante en una salsera.

pad thai de tofu

4 raciones
tiempo de preparación
15 minutos
tiempo de cocción **10 minutos**

200 g de **fideos de arroz
gruesos deshidratados**
450 g de **tofu firme**
aceite vegetal para freir
2 **dientes de ajo** picados
3 **huevos**
el zumo de 1 **lima**
2 cucharadas de **salsa
de pescado tailandesa
(nam pla)**
½ cucharadita de **azúcar
moreno**
50 g de **cacahuetes tostados**
picados
2 cucharadas de **gamba
deshidratada** rallada
75 g de **brotes de soja**
4 **cebollas tiernas** cortadas
en rodajas en diagonal
1 **chile rojo** cortado en rodajas
finas
1 buen puñado de **hojas
de cilantro**

Ponga los fideos en remojo siguiendo las instrucciones del envase. Escúrralos.

Deje escurrir el tofu y séquelo con papel de cocina. Córtelo en 20 dados iguales y resérvelos. Vierta suficiente aceite en el wok para freír las zanahorias y la ternera. Caliéntelo a 190 °C o hasta que un trozo de pan se dore en el aceite en 20 segundos. Añada la mitad del tofu y fríalo hasta que esté esponjoso y dorado. Retírelo del wok con una espumadera y déjelo escurrir sobre papel de cocina. Fría el resto del tofu siguiendo el mismo procedimiento. Resérvelo.

Retire todo el aceite del wok menos 2 cucharadas y póngalo sobre un fuego a la máxima potencia. Añada el ajo y los huevos y saltéelos durante 2 segundos. A continuación, añada los fideos escurridos, el zumo de lima, la salsa de pescado, el azúcar, la mitad de los cacahuetes y la mitad de la gamba deshidratada rallada. Saltéelo todo durante 2 minutos hasta que los fideos empiecen a humear. Incorpore después los brotes de soja, las cebollas tiernas el chile y el tofu frito. Déjelo cocer durante 1 minuto más y esparza el resto de los cacahuetes, el resto de la gamba deshidratada y el cilantro por encima.

Para preparar pad thai de pollo, prescinda del tofu y en su lugar corte 450 g de pechugas de pollo deshuesadas y sin piel en tiras. Caliente 2 cucharadas de aceite de cacahuete en un wok y fria en él las tiras de pollo durante 2-3 minutos, hasta que estén doradas. Retire el pollo del wok con una espumadera y siga los pasos como se indica en la receta, e incorpore el pollo dorado junto con los fideos.

fideos con pollo y *pak choi*

4 raciones

tiempo de preparación
10 minutos, más tiempo
de marinado

tiempo de cocción **7 minutos**

500 g de **pechugas de pollo**
deshuesadas y sin piel
cortadas en finas tiras

1 cucharada de **vino de arroz
chino** o **jerez seco**

2 cucharaditas de **harina
de maíz**

½ cucharadita de **aceite
de sésamo**

½ cucharadita de **sal**

2 cucharadas de **aceite
de cacahuete**

5 **cebollas tiernas** cortadas
en trozos de 5 cm a lo largo

1 trozo de 2,5 cm de **raíz
de jengibre fresco** cortado
en tiritas

1 **chile rojo** sin semillas
y cortado en rodajas finas

1 cucharada de **semillas
de sésamo**

3 cabezas de *pak choi* cortadas
en trozos de 5 cm

2 cucharadas de **salsa de ostras**

1 cucharada de **agua**

300 g de **fideos precocinados
para wok**

Ponga el pollo en un cuenco junto con el vino de arroz, la harina de maíz, el aceite de sésamo y la sal y déjelo marinar durante 30 minutos.

Caliente el aceite en un wok a fuego fuerte hasta que empiece a burbujear. Añada las tiras de pollo, las cebollas tiernas, el jengibre, el chile y las semillas de sésamo y saltéelo todo durante 2 minutos antes de añadir el *pak choi*. Saltéelo durante 1 minuto más y, a continuación, añada la salsa de ostras y el agua. Déjelo cocer, sin parar de remover, durante 1 minuto. Finalmente añada los fideos y saltéelos hasta que empiecen a humear.

Para preparar fideos con cerdo y gambas, sustituya el pollo por 325 g de carne magra de cerdo cortada en tiras y marinela siguiendo los pasos como se indica en la receta anterior y añada 150 g de gambitas cocidas al wok junto con el *pak choi*.

fideos con pato y verduras

4 raciones

tiempo de preparación
10 minutos
tiempo de cocción **15 minutos**

250 g de **fideos al wok
de grosor medio**
1 cucharadita de **aceite
de sésamo**
3 cucharadas de **aceite
de cacahuete**
500 g de **pechugas de pato**
sin piel cortadas en tiras finas
1 **puerro** cortado en rodajas
finas
2 **dientes de ajo** picados
1 **chile rojo** cortado en rodajas
1 cucharada de **raíz de jengibre
fresco** picada
200 g de **tirabeques** cortados
por la mitad
125 g de **brotes de soja**
2 cucharadas de **salsa de soja
clara**
2 cucharadas de **vino de arroz
chino** o **jerez seco**
1 cucharadita de **miel líquida**
1 puñado de **hojas de cilantro**
troceadas (y unas cuantas
hojas enteras para decorar)

Cueza los fideos en una cazuela grande con agua hirviendo
siguiendo las indicaciones del envase. Aclárelos con abundante
agua fría, escúrralos y colóquelos en un cuenco junto con
el aceite de sésamo.

Caliente el aceite de cacahuete en un wok a fuego fuerte
hasta que empiece a burbujear. Añada las pechugas de pato,
sazónelas y saltéelas durante 2-3 minutos, hasta que estén
doradas. Coloque la carne en un plato y resérvela. Vuelva
a colocar el wok sobre el fuego.

Limpie el wok con papel de cocina y añada después el aceite
restante. Cuanto esté caliente, añada el puerro y saltéelo
durante 1 minuto. Incorpore después el ajo, el jengibre,
el chile, los tirabeques y los brotes de soja y saltéelos durante
1 minuto. Vuelva a poner la carne en el wok, añada la salsa
de soja, el vino de arroz y la miel y saltéelo todo durante
1 minuto. Finalmente, agregue los fideos y el cilantro picado,
sin parar de remover, hasta que los fideos empiecen a humear.
Decore el plato con unas hojas de cilantro y sírvalo.

Para preparar pato con fideos de arroz y leche de

coco, sustituya los fideos al huevo por 200 g de fideos
de arroz deshidratados, puestos en remojo siguiendo
las instrucciones del envase. Sustituya la salsa de soja
y el vino de arroz por 5 cucharadas de leche de coco y
1 cucharada de salsa de pescado. Déjelo cocer todo
a fuego lento durante 3 minutos antes de añadir los fideos.

fideos fritos con pollo y verduras

2 raciones
tiempo de preparación
10 minutos
tiempo de cocción **15 minutos**

1 cucharada de **harina de maíz**
1 cucharada de **salsa de pescado tailandesa (nam pla)**
1 cucharada de **salsa de soja oscura**
1 cucharadita de **azúcar moreno**
100 ml de **caldo de verduras**
150 g de **fideos finos al huevo**
aceite vegetal para freír
2 **dientes de ajo** picados
175 g de **muslos de pollo** deshuesados y sin piel, cortados en tiras finas
75 g de **setas de paja** preparadas
75 g de **mazorquitas de maíz dulce** cortadas por la mitad a lo largo
1 **pimiento rojo** sin semillas y cortado en pequeños dados
4 **cebollas tiernas** cortadas en trozos de 2,5 cm a lo largo
unas **ramitas de cilantro** para decorar

Mezcle la harina de maíz, la salsa de pescado y la salsa de soja hasta formar una pasta. Añada el azúcar y el caldo y resérvelo.

Cueza los fideos en una cazuela grande con agua hirviendo siguiendo las indicaciones del envase. Aclárelos con abundante agua fría y déjelos escurrir bien.

Vierta suficiente aceite en el wok para freír los fideos. Caliéntelo a 190 °C o hasta que un trozo de pan se dore en el aceite en 20 segundos. Añada la mitad de los fideos y fríalos hasta que estén crujientes y dorados. Retírelos del wok con una espumadera y déjelos escurrir sobre papel de cocina. Fría el resto de los fideos y colóquelos en una fuente caliente.

Retire todo el aceite del wok menos 2 cucharadas y coloque el wok sobre un fuego a la máxima potencia. Añada el ajo y el pollo y saltéelos durante 2 minutos. Después agregue el resto de ingredientes excepto el cilantro. Saltéelo todo otros 2 minutos y añada a continuación la salsa ya preparada y llévelo a ebullición. Cuando la salsa empiece a espesar, vierta el salteado con una cuchara sobre los fideos crujientes y decore el plato con unas ramitas de cilantro.

Para preparar una ensalada tailandesa de pollo y fideos,

prepare el aliño mezclando la salsa de pescado, la salsa de soja, el azúcar, ½ cucharadita de aceite de sésamo, 2 cucharadas de aceite de oliva suave y el zumo de 1 lima. Vierta el aliño sobre los fideos aclarados y escurridos y añada las verduras crudas, el ajo y las cebollas tiernas. Saltee el pollo en 1 cucharada de aceite de cacahuete durante 3-4 minutos, hasta que esté bien cocido, y espárzalo después sobre la ensalada.

fideos de Singapur

4 raciones
tiempo de preparación
10 minutos
tiempo de cocción **10 minutos**

5 cucharadas de **aceite vegetal**
2 **huevos** batidos
6 **chalotas** cortadas en rodajas
finas
1 **cebolla** picada
3 **dientes de ajo** majado
2 cucharadas de **salsa**
de judías negras
2 cucharadas de **vino**
de arroz chino o **jerez seco**
1 **chile rojo** picado
½ cucharadita de **polvo de cinco**
especias chinas
600 ml de **caldo** o **agua**
250 g de **fideos frescos**
al huevo
150 g de **brotes de soja**
250 g de **cerdo char siu** o **a la**
barbacoa cortado en rodajas
125 g de *pak choi* picado
125 g de **langostinos jumbo**
crudos pelados
½ cucharadita de **sal**
2 **chiles rojos** cortados
en rodajas
unas **hojas de cilantro**
salsa de chile dulce
para acompañar

Caliente 1 cucharada de aceite en un wok a fuego moderado. Añada los huevos batidos y mueva el wok para que se extienda por la superficie de la sartén. Déjelo cuajar durante 30 segundos. Separe los bordes con una paleta para pescado y dele la vuelta. Déjelo cocer durante 10 segundos. Retírelo de la sartén y colóquelo sobre una tabla de cortar. Enróllelo y córtelo en tiras. Resérvelo.

Añada 4 cucharadas de aceite. Cuando empiece a burbujear, saltee las chalotas durante 4-5 minutos, hasta que estén doradas y crujientes. Retírelas del wok con una espumadera y déjelas secar sobre papel de cocina. Resérvelas.

Retire todo el aceite del wok menos 2 cucharadas. Añada la cebolla y saltéela hasta que empiece a dorarse. Agregue después el ajo, la salsa de judías negras, el vino de arroz, el chile y el polvo de cinco especias chinas y saltéelo todo durante 2 minutos.

Añada el caldo, los fideos y los brotes de soja y llévelo a ebullición. Incorpore los fideos y los brotes de soja al caldo.

Ponga el cerdo en el wok junto con las verduras verdes, las gambas y la sal y déjelo cocer todo otros 4 minutos. Cubra la receta con las chalotas fritas, las tiras de tortilla, las rodajas de chile y las hojas de cilantro y sírvala acompañada de salsa de chile dulce.

Para preparar arroz frito especial, sustituya los fideos por 250 g de arroz jazmín cocido. Siga los pasos como se indica en la receta, pero prescinda del caldo y añada sólo el arroz al wok una vez que las gambas se hayan cocido durante 3 minutos. Saltéelo todo hasta que empiece a humear.

fideos crujientes con ternera

4 raciones

tiempo de preparación
10 minutos, más tiempo
de marinado
tiempo de cocción **20 minutos**

½ cucharadita de **miel líquida**
(p. ej. miel de acacia)
2 cucharadas de **salsa de soja**
clara
2 cucharadas de **salsa de ostras**
2 cucharadas de **vino de arroz**
chino o **jerez seco**
2 cucharaditas de **harina**
de maíz
400 g de **carne magra**
de ternera desgrasada
y cortada en tiras
250 g de **fideos al huevo**
de grosor medio
1 cucharadita de **aceite**
de sésamo tostado
4 cucharadas de **aceite**
de cacahuete
2 cucharaditas de **raíz**
de jengibre fresco picada
2 **dientes de ajo** picados
1 **puerro** cortado en rodajas
finas
200 g de **cogollos de brécol**
cortados en rodajas
3 cucharadas de **agua**

Mezcle la miel, la salsa de soja, la salsa de ostras, el vino
de arroz y la harina de maíz. Vierta la mitad de la salsa
en un cuenco. Añada la ternera y remuévalo bien. Tápelo
y déjelo marinar en el refrigerador durante 30 minutos.

Cueza los fideos en agua hirviendo siguiendo las indicaciones
del envase. Aclárelos con abundante agua fría y déjelos escurrir.
Esparza el aceite de sésamo por encima y resérvelos.

Caliente 2 cucharadas de aceite en un wok a fuego fuerte
hasta que empiece a burbujear. Añada los fideos y déjelos
cocer durante unos 5 minutos, hasta que la parte inferior
de los fideos esté dorada. Dele la vuelta a los fideos
y déjelos cocer otros 3 minutos. Colóquelos en una fuente.

Caliente otra cucharada de aceite y saltee la ternera durante
unos 2 minutos. Después colóquela en un plato junto con su jugo.

Limpie el wok y vuelva a ponerlo sobre el fuego hasta que
esté seco. Caliente el aceite restante y añada el jengibre, el ajo
y el puerro. Saltéelos durante 1 minuto y a continuación añada
el brécol. Saltéelo todo durante 2 minutos. Añada la salsa
que había preparado y el agua y llévela a ebullición. Vuelva a
poner la ternera en el wok y saltéelo durante 1 minuto. Coloque
los ingredientes sobre los fideos y sírvalo inmediatamente.

Para preparar fideos crujientes con verduras glaseadas,

prescinda de la ternera. Prepare la salsa y cueza los fideos
como se indica en la receta. Además del brécol, añada
1 pimiento rojo y 1 pimiento verde cortados en dados
y 200 g de rodajas de calabacín. Saltéelo todo durante
2 minutos. Añada la salsa ya preparada y el agua y saltéelo
durante 1 minuto antes de verter la mezcla sobre los fideos.

índice

agradecimientos

Editor ejecutivo: Nicky Hill
Editora: Fiona Robertson
Directora artística: Karen Sawyer
Diseñadora: Rebecca Johns, Cobalt id
Fotógrafo: Will Heap
Estilista (alimentos): Marina Filippelli
Estilista (menaje): Liz Hippisley

Fotografías especiales: © Octopus Publishing Group
Limited/Will Heap

Otras fotografías: Octopus Publishing Group
Limited/David Loftus 89, 233; /Peter Myers 27, 51, 53,
81, 101, 109, 113, 149, 155, 161; / William Reavell 25,
39, 79, 85, 117, 134, 141, 145, 173, 177, 195, 201, 207,
211, 221, 223; / Ian Wallace 127, 131, 165.